RECUEIL
DES
EDITS, DECLARATIONS ET ARRESTS,

PORTANT REGLEMENT pour les Curez, Vicaires Perpetuels, Vicaires Amovibles, Chanoines, & autres Beneficiers.

AVEC

UN ABREGE' DU TRAITE' DES DIMES,

Et les Edits & Arrêts servant aussi de Réglement pour les Dîmes Grosses, Vertes, Menuës, Novales, Prémices & Champars.

A ROUEN,
Chez ANTOINE MAURRY Imprimeur ordinaire du Roy & de l'Archevêché, au coin de la ruë Neuve S. Lo, à l'Imprimerie du Louvre.

M. DCC.

AVEC PRIVILEGE DE SA MAJESTE'.

TABLE DES EDITS, DECLARATIONS ET ARRESTS,

Concernant les Curez & autres Beneficiers, contenus dans ce Recuëil.

Table des Edits, Déclarations & Arrêts.

TABLE DES ARRESTS
SUR LE FAIT DES DIMES.

FIN DE LA TABLE.

RECUEIL DES EDITS,

RECUEIL
DES EDITS,
DECLARATIONS ET ARRESTS,

PORTANT Réglement pour les Curez, Vicaires perpetuels, Vicaires amovibles, Chanoines, & autres Beneficiers.

Portant aussi Réglement pour les Dîmes Grosses, Vertes, Menuës, Novales, Prémices & Champars.

DECLARATION DU ROY,

SUR le Recellement des Corps morts des Beneficiers.

Du 9. Février 1657.

LOUIS par la grace de Dieu Roy de France & de Navarre : A tous ceux qui ces presentes Lettres verront, Salut. La severité des peines que les Rois nos Prédecesseurs ont ordonné pour empêcher le Recellement des Corps morts des Beneficiers contre les coupables de ce crime, soit contre les Laïcs de confiſcation des corps & des biens, ſoit contre les Eccleſiaſtiques de privation de tout droit poſſeſſoire qu'ils pouroient prétendre ſur les Benefices vacans, n'a pû arrêter la pratique de cette inhumanité : Elle eſt parvenuë à cet excés, ſuivant qu'il nous a été repreſenté par les Députez de l'Aſſemblée generale qui ſe tient à Paris par nôtre permiſſion, que les plus proches parens de ces Beneficiers voulans profiter par des voyes que les Canons condamnent, des Benefices vacans, aprés avoir ſuborné les domeſtiques, empêchent le plus ſouvent que les malades ne ſoient aſſiſtez des Sacremens de l'Egliſe à l'extrêmité de leur vie : Enſorte qu'au lieu que les parens & les domeſtiques devroient déclarer au vrai le jour du decés aux Egliſes où ſe doivent faire les ſépultures, comme il leur eſt enjoint par les Ordonnances, ils certifient le contraire ; & les intereſſez font faire une inquiſition ſommaire pour tranſporter le jour du decés, autant qu'il eſt neceſſaire pour donner couleur à la fauſſeté & nullité des Proviſions des Benefices vacans, & le font mettre de la ſorte ſur les Regiſtres des Curez. Et dautant que nos Officiers ſubalternes, & même nos Cours de Parlement, ont refuſé d'ordonner la preuve des faits qui ſont mis pour verifier la garde & le Recellement des Corps ; & qui plus eſt, elles ont donné des Arrêts portant défenſes, tant aux Evêques, leurs Vicaires Generaux & Officiaux, de faire aucune viſite ou recherche des Corps morts des Beneficiers, à peine de quatre mille livres d'amende ; qu'aux Juges Seculiers qui la feroient à leur inſtance, à peine de punition corporelle : Ils nous ont trés-humblement ſuplié de leur pourvoir d'un remede convenable. A CES CAUSES, & autres bonnes conſiderations à ce Nous mouvans, de l'avis de nôtre Conſeil, & de nôtre certaine ſcience, pleine puiſſance & autorité Royale ; Nous avons dit & ordonné, diſons & ordonnons par ces Preſentes ſignées de nôtre main, que le contenu aux articles 54. 55. & 56. de l'Ordonnance de l'an 1539. confirmée par celle de Blois, ſera executé ſuivant ſa forme & teneur : Et y ajoûtant, Voulons & Nous plaît que les Evêques, leurs Vicaires Generaux & Officiaux, puiſſent faire proceder à la recherche deſdits Corps morts dans les Egliſes & Cemetieres exemts & non exemts, en preſence de témoins ; & que leurs procedures ne puiſſent être conteſtées pour défaut de puiſſance, & qu'ils puiſſent auſſi proceder à ladite recherche dans les Maiſons & lieux Seculiers, étant aſſiſtez d'un Juge

Royal qui leur prêtera main forte à l'execution. De plus, Nous voulons que les faits de la garde & recellement soient reçûs par tous nos Juges en l'Instance sur le possessoire des Benefices. Et d'autant qu'au moyen des transports que l'on fait secrettement des Corps morts en des lieux inconnus, on ne peut parvenir à la connoissance de la verité par leur recherche, & qu'il est necessaire de déraciner entierement un abus si contraire aux mœurs & à la sainteté de la Religion Chrêtienne, & si dérogeant aux droits de Collation qui apartiennent aux Ordinaires; Nous voulons, Ordonnons & Nous plaît, qu'à la requisition des Grands-Vicaires ou Promoteurs des Archevêques, Evêques & autres Collateurs, le premier Juge Royal sur ce requis, soit tenu de se transporter avec eux, ou celui qu'ils commettront, en la maison où le Beneficier est demeurant, ou atteint de maladie, pour se faire representer le malade ou son Corps, en cas qu'il soit décedé; de laquelle representation ou du refus de la faire, ledit Juge dressera son Procés verbal, bien certifié de trois ou quatre témoins. Et en cas que les parens ou domestiques refusent de representer ledit Beneficier ou son Corps, les Collateurs pouront pourvoir à ses Benefices ledit jour, comme étant dessors censez vacans, en cas qu'il décede de ladite maladie, sans s'arrêter à la publication du jour du decés que les interessez pouroient faire depuis à leur volonté. SI DONNONS EN MANDEMENT à nos amez & feaux Conseillers les Gens tenans nôtre Cour de Parlement de Toulouse, que ces presentes Lettres de Déclaration ils fassent lire, publier & enregistrer; & le contenu en icelles, garder & observer suivant leur forme & teneur: CAR tel est nôtre plaisir. En témoin dequoi Nous avons fait mettre nôtre Scel à ces Presentes. DONNE' à Paris le 9. jour de Février, l'an de grace 1657. Et de nôtre Régne le quatorziéme. Signé, LOUIS. *Et sur le repli*, Par le Roy, PHELYPEAUX.

Enregistrée és Registres du Grand Conseil du Roy, suivant l'Arrest, & aux charges y portées, cejourd'hui. Donné à Paris le 30. jour de Mars 1661. Signé, HERBIN.

DECLARATION DU ROY,

POUR les Réparations des Eglises & des Presbyteres.

Du 18. Février 1661.

LOUIS par la grace de Dieu Roy de France & de Navarre : A tous ceux qui ces Presentes verront, Salut. Il est difficile qu'une si longue guerre que Nous avons été obligez de soûtenir contre les ennemis de nôtre Etat, n'ait causé beaucoup de ruïnes en plusieurs lieux de nôtre Royaume ; & que les Eglises mêmes que Nous avons toûjours tâché de conserver parmi tous ces desordres qui sont inévitables, n'ayent beaucoup souffert, les Ecclesiastiques, & ceux qui sont obligez de les entretenir, n'ayant pas été en pouvoir de le faire, se trouvant eux-mêmes par la plûpart spoliez & privez d'une bonne partie de leurs revenus. Et comme Nous avons été assez heureux pour donner enfin la Paix & le repos à nos Peuples, il est bien juste que nous n'ômettions aucun moyen de reconnoître celui qui en est l'Auteur : Nous ne le sçaurions mieux faire qu'en prenant un soin particulier de faire réparer & rétablir les Eglises qui lui sont consacrées, & de faire mettre en bon état les Maisons Presbyterales, afin que les Curez & Vicaires les puissent habiter, & rendre plus facilement graces à Dieu du bien dont ils joüissent, en s'acquitant de leurs charges, & des fonctions de leur ministere. Nous ne faisons en cela qu'imiter les Rois nos Prédecesseurs, lesquels étant comme Nous les Protecteurs des Eglises, ont témoigné en des pareilles occasions leur piété & leur zéle, pour ne les pas laisser tomber en ruïne, & en ont commis le soin par plusieurs Ordonnances, Arrêts & Réglemens aux Evêques, & à ceux qui sont par eux employez pour la conduite de leurs Dioceses, croyant bien qu'étant déja obligez par le dû de leurs charges, de veiller à la conservation de ces lieux Saints, où se traitent les plus augustes Mysteres, & des Maisons Presbyterales destinées pour la demeure des Curez, dont la résidence est si necessaire pour le bien & le salut des ames, ils s'apliqueroient encore volontiers à une chose si utile & si convenable à leur dignité & caractere, pour seconder leurs bonnes & saintes intentions. A CES CAUSES, de l'avis de nôtre Conseil,

Nous avons admonesté & exhorté, admonestons & exhortons ; & neanmoins enjoignons par ces Présentes signées de nôtre main, aux Archevêques & Evêques de nôtre Royaume, & où ils seront legitimement empêchez, leurs Grands Vicaires & Officiaux, de visiter incessamment les Eglises & Maisons Presbyterales de leurs Dioceses, & de pourvoir promptement, les Officiers des lieux apellez, à ce qu'elles soient bien & dûëment reparées, même lesdites Maisons Presbyterales bâties aux lieux où il n'y en a pas ; ensorte que le Service Divin y puisse être décemment & accommodément fait & celebré, & les Curez & Vicaires convenablement logez ; même à ce que lesdites Eglises soient fournies des Ornemens & autres choses necessaires pour la celebration dudit Service Divin : A quoi faire ils feront contraindre les Décimateurs, Marguilliers, Paroissiens & autres, suivant qu'ils en peuvent être tenus, même les Curez pour telle part & portion qui sera par eux arbitrée, s'ils jugent que le revenu de leurs Cures le puissent commodément porter, & ce par toutes voyes dûës & raisonnables, & par saisie de leurs biens & revenus : Et seront les Ordonnances renduës pour raison de ce par lesdits Archevêques & Evêques, leurs Grands Vicaires & Officiaux, executées, nonobstant opositions ou apellations quelconques, & sans préjudice d'icelles. N'entendons que nos Officiers ni autres Juges puissent sous prétexte desdites apellations ou de renvoi, en vertu de Committimus, donner aucune mainlevée desdites saisies, lesquelles ne pouront être accordées qu'en jugeant le fond diffinitivement s'il y échoit. Enjoignons à tous nosdits Officiers & autres, de tenir la main à l'execution de ce qui sera ainsi ordonné, le tout sans frais, salaires & vacations. SI DONNONS EN MANDEMENT à nos amez & feaux Conseillers les Gens tenans nos Cours de Parlement, que ces Presentes ils ayent à registrer, & le contenu en icelles, faire garder & observer selon leur forme & teneur, cessant & faisant cesser tous troubles & empêchemens au contraire. CAR tel est nôtre plaisir. En témoin dequoi Nous avons fait mettre nôtre Scel à cesdites Presentes. DONNÉ à Paris le 18. jour de Février, l'an de grace 1661. Et de nôtre Régne le dix-neuviéme. Signé, LOUIS. *Et sur le repli*, Par le Roy, DE GUENEGAUD.

Registrées, oüi le Procureur General, pour être executées selon leur forme & teneur, aux charges portées par l'Arrest de ce jour. A Paris en Parlement, le 18. *Juillet* 1664. Signé, DU TILLET.

EDIT DU ROY,

PORTANT Réglement pour la Retention des Pensions sur les Benefices.

Du mois de Juin 1671.

LOUIS par la grace de Dieu Roy de France & de Navarre: A tous presens & à venir, Salut. Bien que la creation des Pensions sur les Benefices, Cures & Prébendes qui requierent une residence & un service actuel, soit contraire à l'ancienne discipline de l'Eglise, & à la pureté des Canons, & qu'elles n'ayent été tolerées dans la suite des tems, que pour de trés-justes considerations, particulierement à cause du grand âge & de l'infirmité de ceux qui avoient desservi long-tems leurs Benefices, & ne se trouvoient plus en état d'en faire les fonctions: Neanmoins cet usage favorable en son origine, a depuis dégeneré en de grands abus, par l'ouverture qu'il a donné à une espece de commerce des Cures & Prébendes, en les faisant passer en differentes mains, avec retention de Pensions excessives, & beaucoup au-de-là d'une legitime proportion; ce qui a mis les Titulaires hors d'état de les desservir avec l'assiduité & la décence qu'ils doivent, & donné lieu à plusieurs contestations, suivies de differens Arrêts, tant de nôtre Conseil, que des autres Compagnies de nôtre Royaume; ce qui étant directement contraire à l'esprit des Canons, des Conciles & des Decretales, comme aussi aux libertez de l'Eglise Gallicane; Nous avons estimé necessaire de retrancher les abus qui s'y sont glissez, en renouvellant les dispositions faites par les Canons. A CES CAUSES, & autres considerations à ce Nous mouvans, de l'avis de nôtre Conseil, & de nôtre certaine science, pleine puissance & autorité Royale, Nous avons dit, statué & ordonné, & par ces Presentes signées de nôtre main, disons, statuons & ordonnons, Voulons & Nous plaît, que ci-aprés les Titulaires pourvûs des Cures ou Prébendes ordinaires, ou Theologales dans les Eglises Cathedrales ou Collegiales, ne pouront les resigner avec reserve de Pensions, qu'aprés les avoir actuellement desservies pendant le tems & espace de quinze années entieres, si ce n'est pour cause de maladie & d'infirmité connuë & aprouvée de l'Ordinaire, qui les mette hors d'état le reste de leurs jours, de pouvoir continuer de faire les fonctions & desservir leurs Benefices, & sans neanmoins qu'audit cas les Pensions que les Resignans retiendront, puissent exceder le tiers du revenu desdites Cures & Prébendes, le tout sans diminution ni retranchement de la somme de trois cens livres, qui demeurera aux Titulaires desdites Cures & Prébendes pour leur subsistance par chacun an, franche & quitte de toutes charges; sans comprendre en ladite somme le casuel & le creux de l'Eglise, qui apartiendra pareillement aux Curez; ensemble les distributions manuelles qui apartiendront aux Chanoines. Et quant aux Pensions qui se trouveront avoir été ci-devant creées sur les Cures & sur les Chanoines & Prébendes des Eglises Cathedrales ou Collegiales, en faveur des Resignans, Nous voulons & ordonnons qu'elles soient reduites au tiers, sans diminution desdits trois cens livres, ainsi qu'il est exprimé ci-dessus, nonobstant tous Traitez & Concordats pour cause de Procés, Resignations, Permutations, demande en Regrés faute de payement desdites Pensions, & tous cautionnemens, desquels Nous avons déchargé & déchargeons les Obligez. SI DONNONS EN MANDEMENT à nos amez & feaux Conseillers les Gens tenans nôtre Cour de Parlement à Paris, que ces Presentes ils ayent à faire lire, publier & enregistrer, & le contenu en icelles, garder, observer & executer selon sa forme & teneur, cessant & faisant cesser tous troubles & empêchemens, nonobstant tous Edits, Déclarations, Réglemens, Arrêts, Traitez, Concordats & Usages à ce contraires, ausquels Nous avons dérogé & dérogeons: CAR tel est nôtre plaisir. Et afin que ce soit chose ferme & stable à toûjours, Nous avons fait mettre nôtre Scel à cesdites Presentes. DONNÉ à Ath au mois de Juin, l'an de grace 1671. Et de nôtre Régne le vingt-neuviéme. Signé, LOUIS. *Et sur le repli*, Par le Roy, COLBERT. Et scellées du grand Sceau de cire verte, en lacs de soye rouge & verte. Et à côté *Visa*, SEGUIER, pour servir aux Lettres portant Réglement des Pensions sur les Benefices.

Lûës, publiées, registrées, oüi & ce requerant le Procureur General du Roy, pour être executées selon leur forme & teneur. A Paris en Parlement, le 21. Juillet 1671. Signé, DU TILLET.

DECLARATION DU ROY,

PORTANT que l'Edit du mois de Juin 1671. aura lieu à l'égard de tous les Benefices qui requierent résidence.

Du 9. Decembre 1673.

LOUIS par la grace de Dieu Roy de France & de Navarre : A tous ceux qui ces presentes Lettres verront, Salut. Nous aurions par nôtre Edit du mois de Juin 1671. ordonné que les Titulaires pourvûs de Cures ou de Prébendes ordinaires ou Theologales dans les Eglises Cathedrales ou Collegiales, ne pouront les resigner avec reserve de Pensions, qu'aprés les avoir actuellement desservies pendant le tems & espace de quinze années; si ce n'est pour cause de maladie & d'infirmité connuë, sans que lesdites Pensions puissent exceder le tiers du revenu desdites Cures & Prébendes, sans diminution de la somme de trois cens livres qui demeurera au Titulaire, franche & quitte de toutes charges. Et quant aux Pensions qui se trouveront avoir été ci-devant creées, qu'elles soient aussi reduites au tiers, sans diminution desdits trois cens livres. Et quoique le motif principal de cette Déclaration ait été d'empêcher que les Benefices qui requierent une résidence & service actuel & continuel, ne soient chargez de Pensions excessives, & beaucoup au-de-là d'une legitime proportion; ensorte que les Titulaires les puissent desservir avec l'assiduité & la décence convenable; neanmoins Nous avons été informez que sous prétexte que les Dignitez, Personnats & autres Benefices sujets à des fonctions personnelles & réglées dans les Eglises Cathedrales & Collegiales ne sont pas nommément compris dans ledit Edit, quelques Pensionnaires sur lesdites Dignitez prétendent que leurs Pensions ne sont pas reductibles aux termes dudit Edit, & empêchent par ce moyen que l'Eglise n'en reçoive le fruit que Nous avons entendu lui procurer. A CES CAUSES, & autres considerations à ce Nous mouvans, de l'avis de nôtre Conseil, qui a vû nôtre Edit du mois de Juin 1671. dont copie colla-

collationnée eſt ci-attachée ſous le Contreſcel de nôtre Chancellerie ; & de nôtre certaine ſcience, pleine puiſſance & autorité Royale, Nous avons dit & declaré, & par ces Preſentes ſignées de nôtre main, diſons & declarons en interpretant ledit Edit, que nôtre intention a été qu'il ait lieu, tant pour les Prébendes ordinaires ou Theologales, que pour toutes les autres Dignitez, Perſonnats, Semi-Prébendes, Vicairies, Chapelles & autres Benefices des Egliſes Cathedrales & Collegiales, qui requierent réſidence, de telle dénomination & qualité qu'ils puiſſent être : Ce faiſant, que les Penſions ci-devant créées, & qui le ſeront ci-aprés ſur les Benefices de la qualité ſuſdite, ſeront reduites au tiers des revenus, ſans diminution de la ſomme de trois cens livres qui demeurera aux Titulaires deſdits Benefices pour leur ſubſiſtance, franche & quitte de toutes charges. Comme auſſi, que les Reſignans ne pouront ſe reſerver leſdites Penſions, qu'ils n'ayent deſſervi leſdits Benefices l'eſpace de quinze années, ſuivant & au deſir dudit Edit du mois de Juin 1671. lequel Nous voulons être executé ſelon ſa forme & teneur. SI DONNONS EN MANDEMENT à nos amez & feaux Conſeillers les Gens tenans nôtre Grand Conſeil, que ces Preſentes ils ayent à faire lire, publier & enregiſtrer, & le contenu en icelles, garder & obſerver, & executer ſelon ſa forme & teneur ; ceſſant & faiſant ceſſer tous troubles & empêchemens, nonobſtant tous Edits, Déclarations, Réglemens, Arrêts, Traitez, Concordats & Uſages à ce contraires, auſquels Nous avons dérogé & dérogeons par ceſdites Preſentes : CAR tel eſt nôtre plaiſir. En témoin dequoi Nous avons fait mettre nôtre Scel à ceſdites Preſentes. DONNE' à S. Germain en Laye le 9. jour du mois de Decembre, l'an de grace 1673. Et de nôtre Régne le trente-uniéme. Signé, LOUIS. *Et ſur le repli*, Par le Roy, COLBERT. Et ſcellée du grand Sceau.

Enregiſtrée és Regiſtres du Grand Conſeil du Roy, ſuivant l'Arreſt ce jourd'hui donné en icelui. A Paris le troiſiéme Decembre 1673. Signé, HERBIN.

ARREST DU CONSEIL,

POUR l'exemption des Tailles des Curez & des Fermiers des Ecclesiastiques.

Du 9. Decembre 1675.

SUR la Requête presentée au Roy étant en son Conseil, par les Archevêques, Evêques, & autres Beneficiers députez de l'Assemblée generale du Clergé de France, qui se tient par permission de Sa Majesté à S. Germain en Laye, contenant, Qu'encore que Sa Majesté ait par Arrêts de son Conseil des 18. Mars 1666. & 30. Octobre 1670. fait défenses aux Asséeurs, Collecteurs & Habitans des Paroisses, de taxer & imposer les Curez qui prennent à ferme les Dîmes de leurs Paroisses pour le payement de leur Portion congruë, ou autrement; ensemble les Fermiers des Ecclesiastiques pour raison des Fermes qu'ils tiennent d'eux; neanmoins plusieurs Fermiers des Ecclesiastiques sont troublez journellement dans l'exemption portée par lesdits Arrêts, & sont compris dans les Rôlles des Tailles, & imposez à des sommes deux fois plus grandes que celles à quoi ils étoient imposez auparavant que d'être Fermiers des Ecclesiastiques: Ce qui oblige les Suplians d'avoir recours à Sa Majesté, à ce qu'il leur soit sur ce pourvû. VEU ladite Requête, lesdits Arrêts du Conseil des 18. Mars 1666. & 30. Octobre 1670. & oüi le Raport du Sieur Colbert Conseiller ordinaire au Conseil Royal, Contrôlleur general des Finances; LE ROY ÉTANT EN SON CONSEIL, ayant égard à ladite Requête, a Ordonné & Ordonne que lesdits Arrêts des 18. Mars 1666. & 30. Octobre 1670. seront executez selon leur forme & teneur; & en consequence fait Sa Majesté iteratives défenses aux Asséeurs, Collecteurs & Habitans des Paroisses, de taxer & imposer les Curez qui prennent à ferme les Dîmes de leurs Paroisses pour le payement de leurs Portions congruës, ou autrement; ensemble les Fermiers des Ecclesiastiques, pour raison des Fermes qu'ils tiennent d'eux. FAIT au Conseil d'Etat du Roy, Sa Majesté y étant, tenu à Versailles le neuviéme Septembre 1675. Signé, COLBERT.

ARREST DU CONSEIL,

QUI décharge les Ecclesiastiques & Officiers des Décimes du Logement des Gens de Guerre.

Du 9. Septembre 1675.

SUR la Requête presentée au Roy étant en son Conseil, par les Archevêques, Evêques, & autres Ecclesiastiques députez du Clergé de France assemblez par permission de Sa Majesté à S. Germain en Laye, contenant, Que par plusieurs Edits & Déclarations bien dûëment verifiez, & par les Contrats passez avec Sa Majesté, les Ecclesiastiques & Officiers des Décimes ont été maintenus & confirmez dans l'exemption du Logement des Gens de Guerre ; & par Arrest du Conseil du 13. Janvier 1657. & autres qui ont été donnez, les Ecclesiastiques & Officiers des Décimes, chez lesquels il avoit été donné des Logemens de Gens de Guerre en ont été déchargez, avec défenses aux Gouverneurs, Lieutenans, Maires, Echevins, Consuls & autres Officiers des Villes, Bourgs & Bourgades, de délivrer aucuns Bulletins, ni ordre ausdits Gens de Guerre, & ausdits Gens de Guerre de loger chez lesdits Ecclesiastiques & Officiers des Décimes : neanmoins au préjudice de ladite exemption, aucuns Maires & Echevins ne laissent pas de délivrer des Bulletins pour loger chez lesdits Ecclesiastiques ; ce qui oblige les Suplians d'avoir recours à Sa Majesté, à ce qu'il lui plaise sur ce leur pourvoir. VEU ladite Requête, & oüi le Raport du Sieur Colbert Conseiller ordinaire au Conseil Royal, Contrôlleur general des Finances. LE ROY E'TANT EN SON CONSEIL, ayant égard à ladite Requête, a déchargé & décharge tous les Ecclesiastiques & Officiers des Décimes du Royaume, du Logement des Gens de Guerre. FAIT Sa Majesté iteratives défenses à tous Gouverneurs & Lieutenans, Maires, Echevins, Consuls & autres Officiers des Villes, Bourgs & Bourgades, de délivrer aucuns Bulletins ou ordres ausdits Gens de Guerre, & à eux de loger chez lesdits Ecclesiastiques & Officiers, à peine d'en répondre en leurs propres & privez noms, & de tous dépens, dommages & interêts qu'ils souffriront pour raison de ce, & de quinze cens livres d'amende. FAIT au Conseil d'Etat du Roy, Sa Majesté y étant, tenu à Versailles le 9. jour de Septembre 1675. Signé, COLBERT.

ARREST DU CONSEIL,

QUI décharge tous Ecclesiastiques & Beneficiers du Royaume, du Ban & Arriere-Ban.

Du 9. Septembre 1675.

SUR la Requête presentée au Roy étant en son Conseil, par les Archevêques, Evêques, & autres Beneficiers députez de l'Assemblée generale du Clergé de France qui se tient à S. Germain en Laye, par permission de Sa Majesté, contenant, Qu'aprés la publication du Ban & Arriere-Ban, les Ecclesiastiques ayant été poursuivis pour y contribuer, les Agens Generaux dudit Clergé obtinrent Arrest du Conseil le premier jour de Septembre 1674. fondé sur plusieurs autres Arrêts rendus en pareil cas, par lequel Sa Majesté auroit déchargé tous les Ecclesiastiques des Assignations à eux données pour la convocation & contribution du Ban & Arriere-Ban; avec défenses à tous Baillifs, Senéchaux, Procureurs de Sa Majesté, & autres ses Officiers, de plus faire donner de pareilles Assignations ausdits Ecclesiastiques, Beneficiers & Religieux, de faire aucunes saisies sur leurs biens pour raison de ce, à peine de nullité, cassation de procedures, de tous dépens, dommages & interêts : au moyen duquel Arrest lesdits Ecclesiastiques & Beneficiers possedans Fiefs, ne pouvoient plus être inquietez à cause dudit Ban & Arriere-Ban : Neanmoins ils ont été assignez pardevant les Juges Royaux ordinaires, pour déclarer la consistance, l'état & revenu de leurs Fiefs ; ce qui n'a pû être fait au préjudice dudit Arrest du Conseil du premier Septembre 1674. rendu en consequence de plusieurs autres énoncez en icelui, puisqu'ils ont été déchargez de ladite contribution de Ban & Arriere-Ban ; partant les Suplians requeroient qu'il plût à Sa Majesté décharger lesdits Ecclesiastiques & Beneficiers desdites Assignations à eux données pardevant lesdits Juges Royaux, pour fournir les declarations de la consistance & revenu de leurs Fiefs, avec défenses à toutes personnes de leur faire aucunes poursuites pour raison de ce, à peine de trois mille livres d'amende, nullité & cassation de procedures, tous dépens, dommages & interêts. Veu ladite Requête, signée Loys Avocat du Clergé de France. Les Arrêts du Conseil des 14. Septembre 1635. 10. Juin 1639. & premier Septembre 1674. Oüi le Raport du Sieur Colbert Conseiller au Conseil Royal, Contrôlleur general des Finances. LE ROY ÉTANT EN SON CONSEIL, ayant égard à ladite Requête, & en consequence des Contrats faits entre Sa Majesté & le Clergé de France; & desdits Arrêts du Conseil des 14. Septembre 1635. 10. Juin 1639. & premier Septembre 1674. a déchargé & décharge les Ecclesiastiques & Beneficiers des Assignations à eux données pardevant les Juges Royaux, pour fournir des déclarations de la consistance & revenu de leurs Fiefs, à cause du Ban & Arriere-Ban. Fait Sa Majesté défenses à ses Procureurs Generaux & Substituts, & à tous autres, de faire aucunes poursuites contr'eux pour lesdites déclarations & contributions dudit Ban & Arriere-Ban, à peine de trois mille livres d'amende, de nullité & cassation des procedures, tous dépens, dommages & interêts. Fait au Conseil d'Etat du Roy, Sa Majesté y étant, tenu à Versailles le 9. jour de Septembre 1675. Signé, Colbert.

EDIT DU ROY,

Concernant les Procés Criminels qui se font aux Ecclesiastiques.

Du mois de Février 1678.

LOUIS par la grace de Dieu Roy de France & de Navarre : A tous presens & à venir, Salut. Comme il n'y a rien de plus necessaire pour maintenir la Police des Etats, que d'établir un bon ordre dans l'adminiſtration de la Juſtice, de preſcrire ce qui doit être de la connoiſſance de chacun de ceux qui ſont prépoſez pour la rendre ; Nous aurions par nos Ordonnances des années 1667. & 1670. réglé particulierement la competence des Juges, & par les articles 11. & 12. du titre de ladite competence de celle de l'année 1670. ordonné que nos Baillifs, Senéchaux, les Prevôts de nos Couſins les Maréchaux de France, Lieutenans Criminels de Robe-Courte, Vice-Baillifs, & Vice-Senéchaux, connoîtront des crimes y énoncez. Et par l'article 13. de la même Ordonnance, Nous aurions declaré que Nous n'entendions déroger par leſdits articles 11. & 12. aux privileges dont les Eccleſiaſtiques auroient accoûtumé de joüir. Et parce que Nous avons été informé que ledit article 13. eſt diverſement interpreté & executé dans quelques-unes de nos Cours de Parlement, & par autres nos Juges ; les uns voulans, en execution d'icelui, ſuivre ce qui eſt porté par le 39. article de l'Ordonnance de Moulins du mois de Février 1566. & les autres, l'article 22. de l'Edit de Melun du mois de Février 1580. ce qui fait que les Eccleſiaſtiques ſe trouvent en diverſes occaſions troublez en la joüiſſance de leurs Privileges & Immunitez, & fournit le ſujet de pluſieurs differens, particulierement dans les Dioceſes enclavez dans le Reſſort de divers Parlemens, & donne en même tems à des perſonnes privilegiées, l'occaſion de trouver l'impunité de leurs crimes dans ces differentes conteſtations. A quoi voulant remedier, & pourvoir à ces inconveniens en établiſſant ſur ce une Loi commune & generale, & une Juriſprudence uniforme : SÇAVOIR FAISONS, que de nôtre certaine ſcience, pleine puiſſance & autorité Royale, Nous avons dit, ſtatué & ordonné ; diſons, ſtatuons & ordonnons par ces Preſentes ſignées de nôtre main, Voulons & Nous plaît, que l'article 22. de l'Edit de Melun, concernant les Procés criminels qui ſe font aux Eccleſiaſtiques, ſoit executé ſelon ſa forme & teneur, dans tout nôtre Royaume, Païs & Terres de nôtre obéïſſance : Ce faiſant, que l'inſtruction deſdits Procés, pour les cas des Privilegiez, ſera faite conjointement, tant par les Juges d'Egliſe, que par nos Juges dans le Reſſort deſquels ſont ſituées les Officialitez ; & ſeront tenus pour cet effet noſdits Juges d'aller au Siege de la Juriſdiction Eccleſiaſtique, ſinon dans leur Reſſort, ſans aucune difficulté, pour y étans, faire rediger les dépoſitions des témoins, interrogatoires, recollemens & confrontations par leurs Greffiers, en des cahiers ſeparez de ceux des Greffiers des Officiaux, pour être le Procés inſtruit, jugé par noſdits Juges ſur les procedures redigées par leurs Greffiers, ſans que ſous quelque prétexte que ce puiſſe être leſdits Juges puiſſent juger leſdits Eccleſiaſtiques ſur les procedures faites par les Officiaux pour raiſon du délit commun. N'entendons neanmoins annuller les informations faites par les Officiaux auparavant que nos Officiers ayent été apellez pour le cas privilegié: Leſquelles premieres informations ſubſiſteront en leur force & vertu, à la charge de recoller les témoins par noſdits Officiers. Voulons pareillement qu'en cas que leſdits Eccleſiaſtiques euſſent été accuſez devant nos Juges, & vinſſent à être vendiquez par les Promoteurs des Officialitez, ou renvoyez pour le délit commun, en ce cas les informations & autres procedures faites par noſdits Juges, ſubſiſteront ſelon leur forme & teneur, pour être le procés fait, parachevé & jugé contre leſdits Eccleſiaſtiques pour raiſon dudit délit commun, ſur ce qui aura été fait par nos Juges du renvoi & déclinatoire. Et en cas que le Procés s'inſtruiſit auſdits Eccleſiaſtiques en l'une de nos Cours de Parlement, Voulons que les Evêques, Superieurs deſdits Eccleſiaſtiques, ſoient tenus de donner leur Vicariat à l'un des Conſeillers-Clers deſdits Parlemens, pour conjointement avec celui des Conſeillers Laïcs deſdites Cours, qui ſera pour cet effet commis, être le procés fait & parfait aux Eccleſiaſtiques accuſez; & ſeront tenus, tant noſdits Juges que les Vicaires & Officiaux des Evêques, obſerver le contenu en nôtre preſente Ordonnance, à peine de nullité des procedures, qui ſeront refaites aux dépens des contrevenans, & de tous dépens, dommages & interêts. Ordonnons en outre, que lorſque dans l'inſtruction des Procés qui ſe feront aux Eccleſiaſtiques, les Officiaux connoîtront que les crimes dont ils ſeront accuſez & prévenus, ſeront de la nature de ceux pour leſquels il échoit de renvoyer à nos Juges pour le cas privilegié, leſdits Officiaux ſeront tenus d'en avertir inceſſamment les Subſtituts de nos Procureurs Generaux du Reſſort où le crime aura été commis, à peine contre leſdits Officiaux, de tous dépens, dommages & interêts, même d'être la procedure refaite à leurs dépens. SI DONNONS EN MANDEMENT à nos amez & feaux les Gens tenans nôtre Cour de Parlement à Paris,

Baillifs, Senéchaux ou leurs Lieutenans, & tous autres nos Officiers qu'il apartiendra, que cesdites Presentes ils ayent à faire lire, publier & enregistrer purement & simplement, & le contenu en icelles, garder, observer & executer selon leur forme & teneur, sans souffrir y être contrevenu en aucune maniere : CAR tel est nôtre plaisir. Et afin que ce soit chose ferme & stable à toûjours, Nous avons fait mettre nôtre Scel à ces Presentes, sauf en autres choses nôtre droit & l'autrui en toutes. DONNE' à S. Germain en Laye au mois de Février, l'an de grace 1678. Et de nôtre Régne le trente-cinquiéme. Signé, LOUIS. *Et sur le repli*, Par le Roy, COLBERT. *Visa*, LE TELLIER : Et scellé du grand Sceau de cire verte, en lacs de soye rouge & verte.

Registrées, ouy & ce requerant le Procureur General du Roy, pour être executées selon leur forme & teneur ; & Copies collationnées envoyées aux Bailliages & Senéchaussées du Ressort, pour y être lûës, publiées & registrées, suivant l'Arrest de ce jour. A Paris en Parlement le 29. Aoust 1684. Signé, JACQUES.

DECLARATION DU ROY,

POUR l'explication de l'Edit du mois de Février 1678. sur les Procés Criminels des Ecclesiastiques.

Du mois de Juillet 1684.

LOUIS par la grace de Dieu Roy de France & de Navarre : A tous ceux qui ces presentes Lettres verront, Salut. Le soin que Nous avons de maintenir la discipline de l'Eglise, & de conserver à ses Ministres la Jurisdiction qu'ils exercent sous nôtre protection, Nous ayant obligé d'ordonner entr'autres choses par nôtre Déclaration donnée à S. Germain en Laye au mois de Février 1678. que tous nos Officiers qui assisteroient à l'instruction des Procés Criminels des Ecclesiastiques, accusez des crimes que l'on apelle ordinairement cas privilegiez, garderoient la forme prescrite par l'article 22. de l'Edit de Melun, Nous avons été informez qu'il qu'il s'étoit trouvé de la difficulté entre quelques-uns de nosdits Officiers pour savoir si ce seroit le Juge du lieu, dans lequel on prétendoit que le crime a été commis, ou celui dans le Ressort duquel est situé le Siege de l'Officialité, qui instruiroit lesdits Procés & en auroit connoissance: Et comme il est necessaire pour le bien de la Justice de prévenir toutes les difficultez qui peuvent retarder l'instruction des Procés Criminels, & particulierement de ceux des Ecclesiastiques qui scandalisent ainsi par leurs déreglemens, ceux qu'ils devroient instruire & édifier par leurs bons exemples: A CES CAUSES, & autres à ce Nous mouvans, de nôtre propre mouvement, certaine science, pleine puissance & autorité Royale, Nous avons dit, statué & ordonné, disons, statuons & ordonnons par ces Presentes signées de nôtre main, que nôtre Déclaration du mois de Février 1678. ci-attachée sous le Contrescel de nôtre Chancellerie, sera executée selon sa forme & teneur; & qu'à cet effet, lorsque nos Baillifs, Senéchaux, ou leurs Lieutenans Criminels instruiront le Procés Criminel à des Ecclesiastiques, & qu'ils accorderont leur renvoi pardevant l'Official dont ils sont Justiciables, pour le délit commun, soit sur la requête des accusez, soit sur celle du Promoteur en l'Officialité, nos Procureurs esdits Sieges en donneront avis à l'Official, afin qu'il se transporte sur les lieux pour l'instruction du Procés, s'il l'estime à propos pour le bien de la Justice; & en cas qu'il déclare qu'il entend instruire ledit Procés dans le Siege de l'Officialité, Ordonnons que lesdits accusez seront transferez dans les Prisons de l'Officialité dans huitaine aprés ladite Déclaration, aux frais & à la diligence de la partie civile s'il y en a; & en cas qu'il n'y en ait pas, à la poursuite de nos Procureurs & aux frais de nos Domaines; & que le Lieutenant Criminel, & à son défaut, un autre Officier dudit Siege dans lequel le Procés a été commencé, se transporte dans le même tems de huitaine dans le lieu où est le Siege de l'Officialité, quand même il seroit hors le Ressort dudit Siege, pour y achever l'instruction dudit Procés conjointement avec l'Official; attribuant à cet effet à nosdits Officiers toute Cour, Jurisdiction & connoissance, & sans qu'ils soient obligez de demander territoire, ni prendre Pareatis des Officiers ordinaires des lieux; & qu'aprés que le Procés instruit pour le délit commun aura été jugé en ladite Officialité, l'accusé sera

C**

ramené dans les Prisons dudit Siege Royal où il aura été commencé, pour y être jugé à l'égard du cas privilegié. Et en cas que ledit Lieutenant Criminel, & à son défaut, un autre Officier dudit Siege Royal, ne se rende pas dans ledit delai de huitaine au Siege de l'Officialité où l'accusé aura été transferé, Voulons en ce cas que le Procès soit instruit conjointement avec ledit Official par le Lieutenant Criminel, ou en son absence ou legitime empêchement, par l'un des Officiers du Bailliage ou Senéchaussée, suivant l'ordre du Tableau, dans le Ressort duquel le Siege de l'Officialité est situé, pour être ensuite jugé au même Siege, auquel nous en attribuons toute Cour, Jurisdiction & connoissance. Voulons que le même ordre soit observé dans les Procès qui auront été commencez dans les Officialitez, & que les Officiaux soient tenus d'en avertir les Lieutenans Criminels de nos Baillifs & Senéchaux, dans le Ressort desquels les crimes ou cas privilegiez, dont lesdits Ecclesiastiques seront accusez auront été commis. Enjoignons ausdits Lieutenans Criminels, ou en leur absence & legitime empêchement, aux autres Officiers desdits Sieges, suivant l'ordre du Tableau, de se transporter dans les lieux où sont les Sieges desdites Officialitez, dans huitaine aprés la sommation qui leur en aura été faite à la requête des Promoteurs, pour être par eux procedé à l'instruction & jugement desdits Procés, pour le cas privilegié en la forme expliquée ci-dessus ; & à faute par lesdits Juges de se rendre dans ledit delai dans les lieux où sont lesdites Officialitez, lesdits Procès seront instruits & jugez par les Officiers du Bailliage ou Senéchaussée, dans le Ressort duquel est le Siege de l'Officialité ; le tout sans préjudice à nos Cours de commettre d'autres de nos Officiers pour lesdites instructions, & de renvoyer en d'autres Sieges le Jugement desdits Procès lorsqu'elles l'estimeront á propos, pour des raisons que nous laissons à leur arbitrage. SI DONNONS EN MANDEMENT à nos amez & feaux les Gens tenans nôtre Cour de Parlement à Paris, que ces Presentes, ensemble nôtredite Déclaration du mois de Février 1678. ils ayent à faire lire, publier & enregistrer, & le contenu en icelles, entretenir & faire entretenir, garder & observer, nonobstant la surannation de celle dudit mois de Février 1678. sans y contrevenir, ni souffrir qu'il y soit contrevenu en quelque sorte & maniere que ce soit. CAR tel est nôtre plaisir. Et afin que ce soit chose ferme & stable à toûjours, Nous avons fait mettre nôtre Scel à cesdites Presentes. DONNE' à Versailles au mois de Juillet, l'an de grace 1684. Et de nôtre Régne le quarante-deuxiéme. Signé, LOUIS. *Et sur le repli*, Par le Roy, COLBERT. *Visa*, LE TELLIER. Et scellé du grand Sceau de cire verte, sur lacs de soye rouge & verte.

Registrées, ouy & ce requerant le Procureur General du Roy, pour être executées selon leur forme & teneur; & Copies collationnées envoyées aux Bailliages & Senéchaussées du Ressort, pour y être lûës, publiées & registrées, suivant l'Arrest de ce jour. A Paris en Parlement le 29. Aoust 1684. Signé, JACQUES.

Nota. *Qu'il y a eu Arrest contradictoire du Conseil Privé, du 5. Octobre* 1691. *qui maintient les Ecclesiastiques dans le privilege de ne pouvoir être jugez Prevôtalement, suivant les Edit & Déclaration ci-dessus.*

DECLARATION DU ROY,

CONCERNANT les Benefices incompatibles.

Du 7. Janvier 1681.

LOUIS par la grace de Dieu Roy de France & de Navarre: A tous ceux qui ces presentes Lettres verront, Salut. Ayant été informez que plusieurs Ecclesiastiques de nôtre Royaume, aprés s'être fait pourvoir de deux Benefices incompatibles, comme de deux Cures, ou d'un Canonicat ou Dignité dans une Eglise Cathedrale ou Collegiale, & d'une Cure, ou d'autres Benefices incompatibles de droit, joüissoient du revenu desdits Benefices, sous prétexte qu'ils ont un an pour opter celui qu'ils voudront conserver; & que le tems pour en faire l'option étant passé, ils se faisoient susciter des Procés par collusion & intelligence, pour joüir toûjours du revenu desdits Benefices. Nous aurions, pour empêcher un abus si préjudiciable au bon ordre & à la discipline de l'Eglise, fait expedier plusieurs Arrêts & Déclarations sur ce sujet, portant entr'autres choses; Que les Pourvûs de deux Cures, ou d'un Canonicat ou Dignité & d'une Cure, soit qu'il y ait Procès, ou qu'ils les possedent paiſiblement, ne joüiront que des fruits du Benefice auquel ils réſideront actuellement, & feront le ſervice en perſonne. Et comme Nous avons eu avis que le même abus recommence en pluſieurs Dioceſes de ce Royaume, & qu'il eſt important d'y pourvoir: A CES CAUSES, & autres à ce Nous mouvans, de l'avis de nôtre Conſeil, & de nôtre certaine ſcience, pleine puiſſance & autorité Royale, Nous avons, en confirmant les précedens Arrêts & Déclarations données ſur ce ſujet, dit, déclaré & ordonné, diſons, déclarons & ordonnons par ces Preſentes ſignées de nôtre main, Voulons & Nous plaît, que lorſqu'une même perſonne ſera pourvûë de deux Cures, ou d'un Canonicat ou Dignité & d'une Cure, ou de deux autres Benefices incompatibles, ſoit qu'il y ait procés, ou qu'il les poſſede paiſiblement, le Pourvû ne joüira que des fruits du Benefice auquel il réſidera actuellement & fera le ſervice en perſonne, & que les fruits de l'autre Benefice, ou des deux s'il n'a réſidé & fait le ſervice en perſonne en aucun, ſeront employez au payement du Vicaire ou des Vicaires qui auront fait le ſervice; aux reparations, ornemens & profit de l'Egliſe du Benefice, par Ordonnance de l'Evêque Dioceſain, laquelle ſera executée par proviſion, nonobſtant toutes apellations ſimples ou comme d'abus, & tous autres empêchemens auſquels nos Juges & Officiers n'auront aucun égard. SI DONNONS EN MANDEMENT à nos amez & feaux Conſeillers les Gens tenans nôtre Grand Conſeil, que ceſdites Preſentes ils ayent à enregiſtrer purement & ſimplement, & le contenu en icelles faire executer, garder & obſerver dorénavant ſelon leur forme & teneur, ſans ſouffrir qu'il y ſoit contrevenu en aucune maniere. CAR tel eſt nôtre plaiſir: En témoin dequoi Nous avons fait mettre nôtre Scel à ceſdites Preſentes. DONNÉ à S. Germain en Laye le 7. de Janvier, l'an de grace 1681. Et de nôtre Régne le trente-huitiéme. Signé, LOUIS. *Et ſur le repli*, Par le Roy, COLBERT.

Lûës & publiées en l'Audience du Grand Conſeil du Roy le 23. de Janvier 1681. ouy, ce requerant & conſentant le Procureur General du Roy, & regiſtrées és Regiſtres d'icelui, pour être executées, gardées & obſervées ſelon leur forme & teneur, ſuivant l'Arreſt dudit Conſeil, dudit jour 20. Janvier 1681. Signé, BOUCOT.

ORDONNANCES

CONTRE les Blasphêmateurs.

SUR ce qui Nous a été representé par le Procureur du Roy, que par les Edits & Ordonnances de Sa Majesté, & des Rois ses Prédecesseurs, il est trés-expressément défendu de proferer aucuns Blasphêmes contre le Nom de Dieu & de la Sainte Vierge, & que par lesdits Edits & Ordonnances les transgresseurs d'icelles doivent être punis de peines exemplaires & extraordinaires, jusques-là même qu'on peut les punir de mort quand ils s'emportent à des juremens & reniemens execrables : & que neanmoins la licence effrenée de plusieurs personnes continuë & augmente tous les jours, touchant lesdits Blasphêmes, Reniemens & Juremens. Le Procureur du Roy requerant à ces fins qu'il y soit par Nous pourvû : Nous, faisant droit sur ladite remontrance, aprés avoir sur ce pris préalablement l'Ordre de Sa Majesté, faisons trés-expresses inhibitions & défenses à toutes personnes de quelque qualité & condition qu'elles soient de Jurer & Blasphêmer le saint Nom de Dieu, de la Sainte Vierge & des Saints, sur peine d'avoir la langue percée ; ce qui sera executé par Jugement de Police, sans autre forme ni figure de procés, Nous reservant de punir plus severement ceux qui s'emporteront à ces énormes Blasphêmes qui apartiennent à l'infidélité, & qui dérogent à la grandeur & bonté de Dieu. Enjoignons à nos Lieutenans, & autres Officiers servans sous nôtre Charge, de tenir la main à l'execution de la presente Ordonnance, même de se transporter dans tous les lieux publics, & constituer prisonniers tous ceux qui seront accusez & prévenus desdits crimes, pour en être fait incessamment punition exemplaire. Et sera la presente Ordonnance lûë & publiée à son de trompe, en tous les endroits accoûtumez de ce lieu de S. Germain, mêmement affichée en tous les lieux plus aparens, Marchez, Places, Carrefours & autres endroits necessaires, afin que personne n'en prétende cause d'ignorance. Ce fut fait & donné à S. Germain en Laye, le Roy y étant, le 28. jour de Janvier 1681. Signé, DE SOURCHES.

ENTRE le Procureur du Roy de la Prevôté de son Hôtel, & Grande Prevôté de France, demandeur en crimes & délits, d'une part; & François Amiot vendeur de Ptisane & d'Eau-de-Vie à la suite de la Cour, défendeur, d'autre. VEU la plainte, charges & informations faites à la requête dudit Procureur du Roy en ladite Prevôté, à l'encontre dudit Amiot, du 19. May 1681. Assignation aux témoins, pour déposer verité en icelle, dudit jour & an. Jugement portant que lesdits témoins seront recollez en leurs dépositions & confrontations audit accusé, du 20. desdits mois & an. Assignation, recollement & confrontation faites desdits témoins audit Amiot accusé, dudit jour 20. desdits mois & an. Conclusions du Procureur du Roy; NOUS disons par Jugement de Police, aprés avoir fait raport à Sa Majesté du Procés criminel, que ledit Amiot est déclaré dûëment atteint & convaincu d'avoir renié & blasphêmé le saint Nom de Dieu; & pour l'avoir fait, l'avons de l'Ordre verbal de Sa Majesté, condamné à faire amende honorable devant la porte de l'Eglise de cette Ville de Versailles; & devant la porte principale du Château, tête nuë, tenant une torche allumée du poids de deux livres en sa main, nud en chemise, & la corde au col, pour delà être mené & conduit dans la Place du Marché de ladite Ville, ausquels Place & lieux il dira à haute & intelligible voix, que méchamment & temerairement il a juré & blasphêmé le saint Nom de Dieu, dont il demande pardon à Dieu, au Roy & à la Justice: dans laquelle Place du Marché ledit Amiot aura la langue percée avec un fer chaud. Et avant d'aller faire ladite amende honorable, sera mis sur lui deux Ecriteaux contenant ces mots: *Jureur & Blasphêmateur du saint Nom de Dieu.* Avec trés-expresses défenses audit Amiot, de plus à l'avenir proferer aucuns Blasphêmes, sur plus grandes peines. DONNÉ par Nous Loüis-François du Bouchet, Marquis de Sourches, Comte de Montsoreau & autres lieux, Conseiller du Roy en ses Conseils, Prevost de l'Hôtel de Sa Majesté, Grand Prevost de France; & Loüis Vaillant, Lieutenant de Robe-Longue, Civil & Criminel de ladite Prevôté. A Versailles, le Roy y étant, le Jeudy 29. jour de May 1681. Signé, DE SOURCHES & VAILLANT.

ARREST DU CONSEIL,

POUR le rétabliſſement des Nefs des Egliſes ou des Preſbyteres, tombez par vetuſté ou incendie, dans les Villes, Bourgs, Villages & Paroiſſes.

Du 16. Decembre 1684.

LE ROY s'étant fait repreſenter ſa Déclaration du mois d'Avril 1683. donnée ſur le fait des dettes des Communautez, par laquelle Sa Majeſté entr'autres choſes a Ordonné que lorſqu'il s'agira de la rédification des Nefs des Egliſes tombées par vetuſté ou incendie, dans les Villages & gros Bourgs fermez, les Maires, Echevins & Procureurs-Syndics, ſeront tenus de s'aſſembler en la forme portée par ladite Déclaration, pour aviſer aux moyens dont ils voudront ſe ſervir pour trouver le fonds neceſſaire pour le rétabliſſement deſdites Egliſes, & d'en faire une Déliberation, laquelle ſera remiſe aux Sieurs Intendans & Commiſſaires départis en la Generalité, pour être par lui vûë & examinée, & envoyée à Sa Majeſté avec ſon avis, pour y être enſuite par elle pourvû. Et Sa Majeſté étant informée qu'en pluſieurs lieux les Nefs des Egliſes & les Preſbyteres ſont en trés-mauvais état, ſuivant les Procés verbaux qui en ont été faits par les Sieurs Archevêques & Evêques, en faiſant la viſite de leurs Dioceſes, leſquels demeurent ſans execution par la negligence qu'aportent les Habitans de s'aſſembler, même qu'ils pouroient faire quelque difficulté, ſous prétexte que les Preſbyteres ni les Villages & Paroiſſes ne ſont point exprimez dans ladite Déclaration. A quoi étant neceſſaire de pourvoir : Oüi le Raport du Sr le Pelletier Conſeiller ordinaire au Conſeil Royal, Contrôlleur general des Finances : SA MAJESTÉ ÉTANT EN SON CONSEIL, a Ordonné & Ordonne, qu'en envoyant par les Sieurs Archevêques & Evêques aux Intendans & Commiſſaires départis dans les Provinces & Generalitez, Copie des Procés verbaux qui auront été par eux faits, ou par leurs Archidiacres ou Grands-Vicaires par leurs ordres, des Nefs des Egliſes ou des Preſbyteres qu'il conviendra construire ou réparer dans les Villes, Bourgs, Villages & Paroisses dépendans de leurs Dioceses, il sera par lesdits Sieurs Intendans Commissaires départis, en faisant la visite de leurs Generalitez, nommé des Experts pour proceder à la visite desdites Nefs, des Eglises & Presbyteres contenus aux Procés verbaux à eux envoyez par lesdits Sieurs Archevêques & Evêques, & aux devis & estimation des ouvrages qu'il conviendra faire en presence des Maires, Echevins & Syndics des lieux; & ensuite faire une assemblée des Habitans en la forme portée par ladite Déclaration du mois d'Avril 1683. pour aviser aux moyens qui pouront être pratiquez pour fournir à la dépense à laquelle montera l'adjudication desdits ouvrages, pour être le tout remis ausdits Sieurs Intendans & Commissaires départis, & par eux envoyez au Conseil avec leurs avis sur iceux, pour y être pourvû par Sa Majesté ainsi qu'il apartiendra. FAIT au Conseil d'Etat du Roy, Sa Majesté y étant, tenu à Versailles le 16. jour de Décembre 1684. Signé, PHELYPEAUX.

ARREST DU PARLEMENT,

QUI maintient les Curez au droit d'inhumer les Tourrieres & autres Domestiques des Religieuses.

Des 5. May & 8. Juin 1689.

ENTRE Maître Antoine Collot Prêtre, Curé de la Paroisse de S. Denis de Sezanne, demandeur aux fins de la Commission de Chancellerie du 16. Octobre 1688. suivant l'Exploit du 22. dudit mois, à ce qu'il soit ordonné que les Arrêts rendus, tant en faveur du Curé de S. Paul de Paris, contre les Religieux Minimes, pour le fait du Luminaire & autres droits, que contre les Doyen, Chanoines & Chapitre de Nôtre-Dame du Val de Provins, en faveur du Curé de sainte Croix dudit lieu, pour l'administration des Sacremens, seront rendus communs à son profit, à l'encontre de l'Abbesse du Bricol, défenderesse ci-aprés nommée, & le Chapitre de S. Nicolas de Sezanne; & que défenses leur seront faites de de plus le troubler en ses fonctions Curiales ; & pour lui avoir par ladite Dame Abbesse du Bricol, fait fermer la porte, & avoir par Maîtres Estienne de Nonvilliers Prêtre, Chanoine & Prevost de l'Eglise S. Nicolas de Sezanne, & Jacques Sorel aussi Chanoine & Sous-Doyen de ladite Eglise, fait administrer les Sacremens à la nommée Marthe, Tourriere de ladite Abbaye du Bricol, enlevé son Corps de la cour de ladite Abbaye dans le Chœur d'icelle, & fait en icelui les Obseques, avec tout le Corps dudit Chapitre, qu'ils seront solidairement condamnez en ses dommages, interêts & dépens, d'une part : Et les Dames Abbesse, Religieuses & Convent de l'Abbaye Nôtre-Dame du Bricol, transferé à Sezanne, tant en leurs noms, que comme prenans le fait & cause desdits Maîtres Estienne de Nonvilliers Prêtre, Chanoine & Prevost en l'Eglise S. Nicolas de Sezanne, & Jacques Sorel aussi Chanoine & Sous-Doyen de ladite Eglise, Chapelain de ladite Abbaye, & lesdits de Nonvilliers & Sorel défendeurs, d'autre, sans que les qualitez puissent nuire ni préjudicier. Aprés que Copineau le jeune, Procureur de Collot, a demandé la reception de l'apointement avisé au Parquet des Gens du Roy, où les Parties avoient été renvoyées par Arrest du 25. Janvier, & paraphé par Talon pour le Procureur General du Roy. LA COUR ordonne que l'apointement sera reçû ; & suivant icelui, ayant aucunement égard à la requête dudit Collot, ordonne qu'à l'avenir les Tourrieres & autres Domestiques qui ne sont point renfermez dans l'interieur du Monastere, venans à déceder, seront inhumez dans l'Eglise Paroissiale, où ils seront tenus pendant leur vie de satisfaire aux devoirs de la Paroisse, comme les autres Paroissiens : Que lorsque les Curez aporteront des Corps pour être inhumez dans le Monastere, ils entreront jusques dans la Chapelle du dehors dudit Monastere, où ils déposeront le Corps, qui sera reçû par le Chapelain des Religieuses : Et pour le surplus des demandes à l'égard du passé, a mis les Parties hors de Cour, dépens compensez. FAIT en Parlement le 5. May 1689. Signé, DU TILLET.

EXTRAIT DES REGISTRES DU PARLEMENT.

ENTRE les Dames Abbesse, Religieuses & Convent de Nôtre-Dame du Bricol, transferé à Sezanne, tant en leurs noms, que comme prenant le fait & cause de Maîtres Estienne de Nonvilliers Prêtre, Chanoine & Prevost en l'Eglise de S. Nicolas de Sezanne, & Jacques Sorel aussi Chanoine & Sous-Doyen de ladite Eglise, Chapelains de ladite Abbaye, demanderesses aux fins de la Requête par elles presentée à la Cour le 26. May dernier, à ce qu'elles fussent reçûës oposantes à l'execution de l'Arrest du 5. dudit mois de May: Faisant droit sur l'oposition, debouter le défendeur ci-aprés nommé de sa demande, & le condamner aux dépens, & défenderesses, d'une part: Et Maître Antoine Collot Prêtre, Curé de la Paroisse S. Denis dudit Sezanne, défendeur & demandeur en Requête par lui presentée en la Cour le 7. du present mois de Juin, à ce qu'il plût à la Cour déclarer lesdites Abbesse & Religieuses non recevables en l'oposition par elles formée à l'execution dudit Arrest, & les condamner aux dépens, d'autre part. Aprés que Copineau le jeune, Procureur pour Collot, a été oüi: LA COUR a debouté les Oposantes de leur oposition, & les condamne aux dépens. FAIT en Parlement, le 8. Juin 1689. Signé, DU TILLET.

DECLARATION DU ROY,

PORTANT défenses aux Marguilliers des Fabriques, Paroisses & Confréries, d'entreprendre aucuns Bâtimens sans permission.

Du 31. Janvier 1690.

LOUIS par la grace de Dieu Roy de France & de Navarre: A tous ceux qui ces presentes Lettres verront. Salut. Quoique Nous ayons assez marqué nôtre intention par nôtre Déclaration du 7. Septembre 1684. & que pour les causes & considérations y contenuës, Nous ayons fait défenses aux Communautez qui y sont dénommées de faire aucuns Bâtimens considérables sans nôtre permission, Nous avons été depuis informez que plusieurs Marguilliers & Fabriciens des Eglises & Paroisses, tant de Paris que des Villes & Bourgs de nôtre Royaume, sous prétexte de bâtir, rétablir, ou augmenter lesdites Eglises & Paroisses, empruntent de notables sommes de deniers, qui excedent les revenus desdites Fabriques & Paroisses, & constituent même à cet effet des rentes à fonds perdu sur un pied trés-fort, & qui les mettent dans l'impuissance d'acquitter les charges desdites Fabriques, & de payer les dettes par eux contractées. Ce qui pouroit dans la suite causer ausdites Fabriques & Paroisses & à leurs Creanciers, une trés-grande ruine, s'il n'y étoit par Nous pourvû. A CES CAUSES, de l'avis de nôtre Conseil, & de nôtre certaine science, pleine puissance & autorité Royale, Nous avons par ces Presentes signées de nôtre main, défendu & défendons trés-expressément à tous Marguilliers des Fabriques, Paroisses & Confréries, d'entreprendre aucuns Bâtimens, soit pour construire ou augmenter leurs Eglises & Paroisses, sans en avoir obtenu la permission de Nous, par Lettres Patentes dûëment verifiées, & qui ne seront expediées qu'aprés avoir eu sur ce l'avis des Archevêques & Evêques, & des Juges des lieux où lesdits Bâtimens seront à faire, suivant les Procés verbaux qui en auront été faits & dressez en bonne forme par Gens à ce connoissans, nommez d'Office par lesdits Archevêques ou Evêques, & par les Juges des lieux, contenant la necessité tant desdits nouveaux Bâtimens, que de l'augmentation ou rétablissement d'iceux. Faisons trés-expresses inhibitions & défenses ausdits Administrateurs & Directeurs, Marguilliers, Fabriciens & autres, d'emprunter aucunes sommes d'argent, ni de prendre aucuns deniers à rente viagere ou autrement pour raison desdits Bâtimens, augmentations & rétablissement, sans permission expresse de Nous, en la forme cidessus, à peine d'en répondre en leurs propres & privez noms : Et à tous Particuliers qui les auront prêtez, de restituer les arrérages qu'ils en auront reçûs, & de perte de leur dû. SI DONNONS EN MANDEMENT à nos amez & feaux les Gens tenans nôtre Cour de Parlement à Paris, que ces Presentes ils ayent à faire registrer, & le contenu en icelles, garder & observer selon leur forme & teneur. CAR tel est nôtre plaisir. En témoin dequoi Nous avons fait mettre nôtre Scel. DONNÉ à Versailles le 31. jour de Janvier, l'an de grace 1690. Et de nôtre Régne le quarante-septiéme. Signé, LOUIS. *Et sur le repli*, Par le Roy, COLBERT. Et scellée du grand Sceau de cire jaune.

Registrées, oüi, & ce requerant le Procureur General du Roy, pour être executées selon leur forme & teneur, suivant l'Arrest de ce jour; & Copies collationnées envoyées aux Sieges, Bailliages & Senéchaussées du Ressort, pour y être pareillement lûës, publiées & registrées, Enjoint aux Substituts du Procureur General d'y tenir la main, & d'en certifier la Cour au mois. A Paris en Parlement, le 6. Février 1690. Signé, Du Tillet.

ARREST DU PARLEMENT,

Concernant les Reparations des Chœurs, Nefs, Clochers, Chapelles & Croisées des Eglises. L'entretien du Service Divin, & fourniture de ce qui y est necessaire. L'ordre dans les deniers publics des Paroisses, & dans ceux des Oeuvres & Fabriques. Les Logemens des Curez & Vicaires perpetuels. Les Gages & Apointemens du Magister des Eglises, &c.

Du 13. *Février* 1692.

LOUIS par la grace de Dieu Roy de France & de Navarre: Au premier des Huissiers de nôtre Cour de Parlement, ou autre nôtre Huissier ou Sergent sur ce requis; SÇAVOIR FAISONS, Que le jour & datte des Presentes, comparant judiciairement en nôtredite Cour Maître Charles Harcoüet Prieur du Prieuré simple de S. Antoine de Conty, ayant repris au lieu & place de Maître Pierre Silvy Prieur dudit Prieuré, par Acte fait au Greffe de nôtredite Cour le 15. Mars dernier, demandeur aux fin des Commissions de nôtredite Cour & de Chancellerie, des premier Décembre 1683. & 9. Juillet 1687. & inserez és Arrêts des 18. Juin & 20. Aoust 1688. & Exploits faits en conséquence les 13. Avril 1684. 13. Mars 1687. 23. 28. Juin, 2. Juillet, 24. & 30. Septembre, 18. Octobre 1688. Et encore en Requêtes des 18. Mars, 17. & 19. Avril dernier: Lesdites Commissions & Requêtes, à ce que lesdits Harcoüet & Silvy fussent reçûs oposans à l'execution de l'Arrest par défaut du 18. Mars 1670. & que les offres par eux faites fussent tenuës d'entretenir de toutes reparations le Chœur & Chancel des Eglises de S. Antoine & S. Martin de Conty, & pour moitié le Chœur & Chancel de l'Eglise de Buſſy-Leſpoix ; fournir le Pain, le Vin, le Luminaire, Ornemens & Livres neceſſaires pour le Service Divin dudit Prieuré, qui ſe fait pour le Prieuré de Conty en ladite Egliſe de Conty, aux quatre Fêtes annuelles ſeulement, juſqu'à concurrence du tiers du revenu dudit Prieuré, ledit tiers exempt de toutes charges ; ſe raportant neanmoins à nôtredite Cour de faire tel Réglement qu'il lui plaira, aux offres faites par ledit Harcoüet de l'executer en ce qu'il ſera tenu ; & en conſequence mettre les apellations interjettées par ledit Silvy, des Sentences & Ordonnances de nôtredit Bailly de Clermont en Beauvoiſis, des premier Aouſt & 24. Octobre 1686. & 13. Mars 1687. & ce dont a été apellé au neant ; émendant, debouter les Marguilliers, Habitans & Curé de S. Antoine de Conty, de leurs demandes faites pardevant nôtredit Bailly de Clermont, des 22. Juin, & premier & 16. Juillet 1687. ce faiſant, faire pleine & entiere main-levée deſdites ſaiſies, & les condamner aux dommages & interêts procedans de la dégradation des Bois dudit Prieuré, & condamner leſdits Marguilliers, Habitans & Communauté deſdites Paroiſſes de S. Antoine & de S. Martin de Conty & de Buſſy, de faire faire & rétablir de toutes réparations les Nefs & Clochers de leurs Egliſes : Et encore leſdits Habitans de Conty, les Chapelles collaterales, & les deux grandes Croiſées d'architecture qui ſont en la Nef de ladite Egliſe, & de faire ôter & deſcendre les deux côtez de la Baluſtrade qui reſtent au haut du Clocher, & qui ſont en peril éminent, comme il eſt raporté par le Raport de Croquoiſon Architecte, du 20. Septembre 1688 à cette fin mettre Ouvriers huitaine aprés la ſignification de l'Arreſt qui interviendra, ſinon & faute de ce faire, & ledit tems paſſé, qu'il ſera procedé au Bail au rabais pardevant nôtre Bailly d'Amiens, plus prochain Juge Royal des lieux : Que pour le payement deſdites réparations & réfections, les deniers qui ſont és mains des Marguilliers deſdites Egliſes, depuis les trente années dernieres, leurs veuves, enfans & heritiers ſeront tenus de rendre compte pardevant le Juge ordinaire deſdites Paroiſſes, en preſence du Procureur Fiſcal dudit Harcoüet, & de ſix des plus notables Habitans qui ſeront nommez par ledit Harcoüet, auſquels les comptables ſeront tenus de communiquer leurſdits Comptes, & les pieces juſtificatives d'iceux, pour y fournir de debats, s'il y échet, & le reliqua deſdits Comptes, ſi ucun y a, mis és mains d'une perſonne notable & ſolvable, pour être employées auſdites réparations, à ce faire leſdits Marguilliers contraints par corps comme dépoſitaires : Et ſi le reliqua deſdits Comptes, enſemble le prix des Baux à ferme des Prairies, Communes & Domaines deſdites Paroiſſes, ne ſont pas ſuffiſans pour le payement deſdites réparations, condamner les Habitans deſdites Paroiſſes chacun en ſon particulier, de contribuer ſuivant les Terres & Domaines qu'ils poſſedent eſdites Paroiſſes, dont l'état en ſera donné & mis és mains du Sieur Chauvelin Commiſſaire departi pour la Generalité d'Amiens, pour ſavoir & régler ce que chacun deſdits Habitans dévra contribuer, tant pour leſdites réparations, que pour le Service divin Paroiſſial ; & que les Fermiers & Debiteurs deſdites Prairies & Communes ſeront condamnez & par corps, payer les cinq années dernieres le prix de leurs Baux en deniers ou quittances valables és mains de la perſonne qui ſera prépoſée pour recevoir leſdits deniers : Condamner leſdits Marguilliers & Habitans de payer annuellement au Magiſter de ladite Egliſe de Conty, la ſomme de vingt-quatre livres pour le ſervice qu'il rend journellement en ladite Egliſe ; Que pour la ſûreté des deniers des Offrandes, Charitez & Aumônes qui ſe feront eſdites Paroiſſes, il y aura un Tronc en chacune Egliſe, avec ſerrures fermantes à trois clefs, dont une ſera miſe és mains dudit Harcoüet, une autre és mains du Juge de la Paroiſſe, & une autre és mains des Marguilliers en charge ; & que l'ouverture n'en poura être faite qu'en leur preſence, & de ſix des plus notables des Habitans deſdites Paroiſſes ; & ce qui ſe trouvera eſdits Troncs des Dons & Offrandes, ſera mis és mains des Marguilliers qui s'en chargeront pour le repreſenter comme dépoſitaires, & que leſdits Deniers, Offrandes, Aumônes, Charitez & Dons ne pouront être employez que pour les Ornemens, Livres, Pain, Vin & Luminaires du Service divin Paroiſſial, entretien de la Nef, Clocher & Croiſées deſdites Egliſes ; & ce par l'avis dudit Harcoüet & du Juge du lieu : Qu'aucun des Habitans ne poura avoir Banc ni Bancelles dans la Nef ou Chapelles collaterales, qu'en payant une rétribution à l'Oeuvre & Fabrique deſdites Egliſes, dont ſera paſſé acte & adjudication à la porte deſdites Egliſes, iſſuë de la grand' Messe ou de Vêpres, & au son de la Cloche : Que lesdits Marguilliers seront tenus de tenir fidéle Registre qui sera paraphé & numeroté par le Bailly & Juge de la Paroisse, des Deniers & autres choses qu'ils recevront pour l'Oeuvre & Fabrique desdites Paroisses ; ensemble des Dons & Offrandes qui seront faites à l'Autel de S. Antoine de Conty, dont ils seront tenus de rendre compte à la fin de leur année d'exercice pardevant ledit Harcoüet ou personne par lui commise, le Bailly du lieu, & de six des plus notables Habitans, de la Recette ou Dépense qu'ils auront faite, & le reliqua, si aucun y a, sera mis és mains des Marguilliers qui entreront en charge, lesquels s'en chargeront comme dépositaires : Que la Sentence du Châtelet de Paris en forme de Réglement du 7. Mars 1489. sera executée, & suivant icelle, que l'ouverture de la Terre du Chœur desdites Eglises de S. Antoine & de S. Martin de Conty & de Bussi, ne poura être faite sans la permission du Prieur ; & la Nef sans la permission des Marguilliers, & de quatre des principaux Habitans qui auront fait la fonction de Marguilliers ; & dans le Cimetiere sans la permission du Curé & Vicaires perpetuels : Au surplus ladite Sentence executée, & l'Arrest déclaré commun avec lesdits Curez, Marguilliers & Habitans de S. Pierre de Fleury ; & contre Messire de Fleurton, Seigneur de Beaumay & de Lasiere, & les défendeurs condamnez aux dépens, d'une part : Et Maître François le Tellier Vicaire perpetuel dudit S. Antoine de Conty, les Procureur-Syndic, Manans & Habitans, & Marguilliers de ladite Paroisse ; Maître Jean le Vasseur Vicaire perpetuel de S. Martin de Conty ; le Procureur-Syndic & Habitans de ladite Paroisse ; Maître Arnoult Blandin Curé de Bussi Lespoix ; les Manans, Habitans & Marguilliers de ladite Paroisse ; le Curé de S. Pierre de Fleury ; le Procureur-Syndic, Marguilliers & Habitans de ladite Paroisse de Fleury, défendeurs, d'autre : Et encore entre lesdits Habitans, comme ayant repris au lieu & place dudit Silvy, par Acte dudit jour 15. Mars dernier, apellans des Sentences & Ordonnances dudit Bailly de Clermont, des premier Aoust, 24. Octobre 1686. 13. Mars 1687. Saisies faites en consequence les 11. Septembre 1686. & 18. Aoust 1687. & de tout ce qui s'en est ensuivi, d'une part : Et ledit Maître François le Tellier Vicaire perpetuel dudit S. Antoine de Conty, les Marguilliers, Procureur-

Syndic, Manans & Habitans dudit S. Antoine de Conty, intimez, d'autre : Et encore entre ledit le Tellier, demandeur en Requête du 21. Juillet dernier, à ce que les défendeurs ci-aprés nommez ſoient condamnez lui payer & rembourſer la ſomme de ſoixante-quinze livres à lui ajugée par Sentence dudit jour 13. Mars 1687. pour Luminaire fourni avant ladite Sentence, & cent livres pour le Luminaire fourni depuis ledit jour juſqu'au premier Janvier dernier, ſe raportant à nôtredite Cour de regler le Pain & Vin qu'il a fourni depuis le premier Février 1680. juſqu'au jour du preſent Arreſt pour le Service Divin, à telle ſomme qu'il lui plaira : Condamner pareillement Jean Daouſt, Antoinette Roblic ſa femme, & autres Fermiers dudit Prieuré de Conty, de payer & rembourſer audit le Tellier cent trente livres pour les dépens taxez par executoire du Avril 1687. Et encore ledit Daouſt & ſa femme, lui payer trente livres, à laquelle il ſe reſtraint pour les repas, qu'il a été obligé de fournir aux Prêtres qui ont fait le Service Divin aux quatre Fêtes annuelles, & aux dépens de l'Inſtance, d'une part : Et les Marguilliers & Habitans dudit S. Antoine de Conty, Jean Daouſt, Antoinette Roblic ſa femme, & autres Fermiers dudit Prieuré de Conty, défendeurs, d'autre part. Aprés que Guy, Procureur d'Harcoüet, & Goudon Procureur de le Tellier, ont dit qu'en communiquant au Parquet de nos Avocats & Procureurs Generaux, où les Parties avoient été renvoyées par Arrêts des 7. Mars 1689. & 23. Juin dernier pour en paſſer par leur avis, ils ſont demeurez d'accord de l'apointement ſigné d'eux, & paraphé de Talon pour nôtre Procureur General. NOSTREDITE COUR A ORDONNÉ que l'apointement ſigné deſdits Guy & Goudon, & paraphé de Talon, ſera reçû ; & ſuivant icelui, faiſant droit ſur le tout, a reçû & reçoit ledit Harcoüet opoſant à l'execution de l'Arreſt du 17. Mars 1670. faiſant droit ſur ladite opoſition, met les apellations & ce dont a été apellé au neant ; émendant, deboute les Marguilliers & Habitans de S. Antoine de Conty de leurs demandes ; fait main-levée pure & ſimple audit Harcoüet deſdites ſaiſies, & les condamne aux dommages & interêts, ſuivant l'eſtimation qui en ſera faite par Experts, dont les Parties conviendront pardevant ſinon en ſera par lui nommé d'office, & aux dépens : Et ſuivant les offres dudit Harcoüet, le le condamne d'entretenir de toutes réparations le Chœur & Chancel desdites Eglises de S. Antoine & de S. Martin de Conty, & pour moitié le Chœur & Chancel de l'Eglise de Bussy Lespoix, fournir le Pain, le Vin, Luminaire, Ornemens & Livres aux quatre Fêtes annuelles pour le Service Divin, qui se fera seulement en l'Eglise S. Antoine de Conty, jusqu'à concurrence du tiers des Dîmes & Revenu temporel dudit Prieuré pris en ladite Paroisse de Conty, exempt de toute autre charge : Et en consequence condamne les Marguilliers & Habitans de S. Antoine & de S. Martin de Conty & de Bussy, de fournir les Ornemens, Pain, Vin, Luminaires & Livres pour le Service Divin Paroissial, & de faire faire toutes les réparations, & rétablir les Nefs, Clochers & Croisées d'Architecture, Chapelles collaterales de leurs Eglises ; & les Habitans de S. Martin de Conty, de faire rétablir la Nef de l'Eglise de ladite Paroisse, & la remettre en l'état qu'elle étoit avant sa chûte & ruïne ; & lesdits Habitans de Conty de faire ôter & descendre les deux côtez de la Balustrade qui sont en péril éminent au haut du Clocher de leur Eglise, huitaine aprés la signification du present Arrest faite à issuë de grand' Messe Paroissiale ; sinon & à faute de ce faire, qu'il sera procedé au Bail au rabais desdites réparations & réfections pardevant nôtre Bailly d'Amiens, & les deniers procedans des Oeuvres, Fabriques, Communes, Prairies, & autres Revenus apartenans au general desdits Habitans, seront employez aux réfections & rétablissement : Et pour en connoître le fonds, condamne les Marguilliers & ceux qui en ont fait la recette depuis les trente années dernieres, leurs veuves, enfans ou heritiers, d'en rendre compte pardevant ledit Bailly d'Amiens, en presence dudit Harcoüet & du Bailly de Conty, ausquels seront communiquez lesdits comptes, les Baux & Pieces justificatives pour y fournir de debats sans frais, pour le reliqua desdits comptes, si aucun y a, être mis és mains d'une personne notable & solvable, pour être employé ausdites réparations & rétablissement ; sinon condamne les Habitans chacun en leur particulier, de contribuer suivant les domaines qu'ils possedent esdites Paroisses, dont état sera fait & mis és mains de l'Intendant de la Generalité d'Amiens, pour la contribution & régalement être fait de ce que chacun doit porter, tant pour lesdites réparations, entretenement desdites Eglises & Service Divin :

Et seront lesdits Fermiers & debiteurs desdits revenus desdites Paroisses, poursuivis & contraints au payement de cinq années en deniers ou quittances valables, ainsi qu'ils y sont obligez : Condamne lesdits Habitans de Conty de fournir un Presbytere à leur Curé, convenable à sa profession, & de l'entretenir de grosses réparations, & payer annuellement aux quatre quartiers de l'année au Magister de ladite Paroisse S. Antoine de Conty, la somme de vingt-quatre livres pour les assistances qu'il rendra à l'Eglise. Que pour la sûreté des Deniers, Dons, Offrandes & Aumônes qui seront baillées aux Oeuvres & Fabriques, & à l'Autel de S. Antoine de Conty, il sera mis un Tronc en chacune Eglise, fermant à trois clefs differentes, dont l'une sera mise és mains du Prieur de Conty, une autre és mains du Juge de la Paroisse, & la troisiéme és mains de l'ancien Marguillier qui sera en charge; & que l'ouverture desdits Troncs ne poura être faite qu'en leur presence, du Procureur du Roy, & de six notables Habitans de chacune desdites Paroisses, pour être fait compte de ce qui se trouvera esdits Troncs, pour ensuite être mis és mains des Marguilliers en charge qui s'en chargeront pour les representer comme dépositaires solidairement; & que lesdits deniers ne pouront être employez que pour le Service Divin, & entretien des Nefs, Clochers, Chapelles collaterales & Croisées desdites Eglises, & ce par l'avis du Prieur & du Bailly dudit Conty : Et attendu la necessité desdites Eglises, & pour leur donner aucunement quelque secours, Ordonne que nul Habitant ne poura avoir Banc ni Bancelle dans les Nefs & Chapelles desdites Eglises, qu'en payant une rétribution à l'Oeuvre & Fabrique desdites Eglises, dont l'adjudication sera faite à la porte de l'Eglise, issuë de grand' Messe ou Vêpres, lesdits Habitans convoquez au son de la Cloche, laquelle rétribution sera payée és mains desdits Marguilliers en charge, qui en tiendront fidéle Registre, qui sera relié, paraphé & numeroté par ledit Bailly de Conty; ensemble des autres Offrandes, Dons Aumônes qui seront faites esdites Oeuvres, Fabriques & à l'Autel de S. Antoine de Conty, dont ils rendront compte à la fin de l'année de leur exercice de Marguillier pardevant ledit Prieur de Conty, le Bailly dudit lieu, & quatre des plus notables Habitans desdites Paroisses, de leur recette & dépense, & le reliqua de leur compte, si aucun y a, mis és mains des Marguilliers en charge qui s'en chargeront comme dépositaires : Ordonne que la Sentence du Châtelet de Paris du 27. Mars 1489. sera executée, & que l'ouverture de la Terre du Chœur des Eglises de S. Antoine & de S. Martin de Conty & de Bussy ne poura être faite sans la permission du Prieur de Conty, & de la Nef desdites Eglises, sans la permission des Marguilliers, & de quatre des principaux Habitans qui auront fait la fonction de Marguilliers ; & des Cimetieres sans la permission des Curez, & sans attestation d'un Prêtre, Curé ou Vicaire que la personne soit morte, faisant profession de la Religion Catholique, Apostolique & Romaine : Au surplus sera ladite Sentence executée : Et sur la Requête dudit le Tellier, du 21. Juillet dernier, contre les Marguilliers & Habitans de Conty, Jean Daoust, sa femme & autres Fermiers dudit Prieuré de Conty, Ordonne que les Parties contesteront plus amplement ; & sur les autres demandes respectives, met les Parties hors de Cour, & l'Arrest commun avec lesdits le Vasseur, Blandin, Marguilliers & Habitans de S. Antoine & de S. Martin de Conty & de Bussy, & les condamne aux dépens chacun à leur égard ; les dépens faits entre lesdits Harcoüet & le Tellier compensez. Si te mandons faire pour l'execution du present Arrest, tous Exploits : De ce faire te donnons pouvoir. Donne' à Paris en Parlement le huitiéme Aoust, l'an de grace 1690. Et de nôtre Régne le quarante-huitiéme. Signé, Par la Chambre, Du Tillet. Collationné.

EXTRAIT DES REGISTRES DE PARLEMENT.

Entre les Syndic, Manans & Habitans, & Marguilliers de S. Antoine de Conty, & Maître Jean le Vasseur Prêtre, Vicaire perpetuel de S. Martin de Conty, oposans à l'execution de l'Arrest du 8. Aoust 1690. suivant l'Acte & les deux Requêtes des 25. 26. & 29. dudit mois d'Aoust, & défendeurs, d'une part : Et Maître Charles Harcoüet, Prieur du Prieuré de S. Antoine de Conty, défendeur & demandeur en deux Requêtes des 28. & dernier dudit mois d'Aoust, à ce que les oposans soient déclarez non recevables en leur oposition, & condamnez aux dépens, dautre. Aprés que Feugré pour les oposans, & de la Touche pour Harcoüet, ont dit en communiquant au Parquet des Gens du Roy, où les Parties ont été renvoyées par Arrest contradictoire du 16. Janvier 1691. pour en passer par leur avis, & que lesdits Feugré & la Touche ont déduit leurs Moyens, Titres & Pieces de leurs Parties, & par l'avis des Gens du Roy, demeurez d'accord de l'apointement paraphé de d'Aguesseau pour le Procureur General : Et aprés que ledit de la Touche, Avocat de Harcoüet, a été oüi : Ensemble d'Aguesseau pour le Procureur General du Roy; & que Aumont, Huissier, a raporté avoir apellé les défaillans & Isabeau leur Procureur. LA COUR ordonne que l'apointement sera reçû ; ce faisant, a reçû les demandeurs oposans à l'execution de l'Arrest du 8. Aoust 1690. & ledit Harcoüet à l'execution de l'Arrest du 17. Mars 1670. faisant droit sur lesdites opositions, met les apellations interjettées par Maître Pierre Silvy, ci-devant Prieur dudit Conty, reprises par ledit Harcoüet, au lieu & place dudit Silvy, par Acte du 26. Mars 1690. des Sentences & Ordonnances du Bailly de Clermont, des premier Aoust, 24. Octobre 1686. 13. Mars 1687. Saisies faites en consequence les 11. Septembre 1686. & 18. Aoust 1687. & de tout ce qui s'en est ensuivi, & ce dont a été apellé au neant ; émendant, deboute les Marguilliers & Habitans de S. Antoine de Conty, de leurs demandes ; fait main-levée pure & simple audit Harcoüet desdites saisies, & les condamne aux dommages & interêts, suivant l'estimation qui en sera faite par Experts, dont les Parties conviendront pardevant Maître Jean Bochard Conseiller, sinon en sera par lui pris & nommé d'Office, & aux dépens. Et suivant les offres dudit Harcoüet, le condamne d'entretenir de toutes réparations le Chœur & Chancel des Eglises de S. Antoine & de S. Martin de Conty, fournir le Pain, le Vin, Luminaire, Ornemens & Livres aux quatre Fêtes annuelles, pour le Service Divin, qui se fera seulement en ladite Eglise de S. Antoine de Conty, jusques à concurrence du tiers des Dîmes & Revenu temporel dudit Prieuré pris en ladite Paroisse de S. Antoine de Conty, exempt de toutes autres charges ; & en consequence, condamne les Marguilliers & Habitans de S. Antoine & de S. Martin de Conty, de fournir les Ornemens, Pain, Vin, Luminaire & Livres pour le Service Divin Paroissial, & de faire faire toutes les réparations, & rétablir la Nef, Clochers, Croisées d'Architectures & Chapelles collaterales desdites Eglises : Condamne les Habitans dudit S. Antoine de Conty, de faire ôter & descendre les deux côtez de la Balustrade, qui sont en peril éminent, au haut du Clocher de leur Eglise, huitaine aprés la signification du present Arrest, faite à issuë de grand'Messe de Paroisse ; sinon & à faute de ce faire, sera procedé au Bail au rabais desdites réparations, rétablissement & réfections pardevant le Bailly d'Amiens, & les deniers procedans des Oeuvres & Fabriques, Communes, Prairies, & autres Revenus apartenans au general desdits Habitans, seront employez aux réfections & rétablissemens : Et pour en connoître le fonds, condamne les Marguilliers & ceux qui en ont fait la recette depuis les trente années dernieres, leurs veuves, enfans & heritiers, d'en rendre compte pardevant le Bailly d'Amiens, en presence dudit Harcoüet & du Bailly dudit Prieuré de Conty, ausquels seront communiquez lesdits comptes, & au Curé de ladite Paroisse de Conty, les Baux & Pieces justificatives desdits comptes, pour y fournir de debats & sans frais, pour le reliqua, si aucun y a, être mis és mains d'une personne notable & solvable, pour être employé ausdites réparations & rétablissemens ; sinon condamne les Habitans chacun en leur particulier, de contribuer suivant les domaines qu'ils possedent esdites Paroisses, dont état sera fait & mis és mains de l'Intendant de la Generalité d'Amiens, pour la contribution & régalement être fait de ce que chacun doit porter tant pour lesdites réparations, entretenemens desdites Eglises & Service Divin ; & seront les Fermiers & Debiteurs des revenus desdites Paroisses poursuivis & contraints au payement de cinq années, en Deniers ou Quittances valables, ainsi qu'ils y sont obligez : Condamne en outre lesdits Habitans de Conty, de fournir un Presbytere à leur Curé convenable à sa profession, & de l'entretenir de grosses réparations, & de payer annuellement aux quatre quartiers de l'année & par avance au Magister de ladite Paroisse de S. Antoine de Conty, la somme de vingt-quatre livres pour les assistances qu'il rendra à ladite Eglise : Et sur le surplus des autres demandes, ordonne que les Parties contesteront plus amplement, dépens pour ce regard réservez. FAIT en Parlement, le treiziéme Février *1692*. Signé, DU TILLET.

ARREST DU CONSEIL D'ETAT,

En faveur des Ecclesiastiques, pour l'exemption de tous droits d'Aydes, tant anciens que nouveaux.

Du 7. Avril 1693.

VEU au Conseil du Roy l'Arrest rendu en icelui le 16. Aoust 1672. sur la Requête presentée par Adrien Navarre, Sous-Fermier des Aydes de la Generalité d'Alençon, tendante à ce que pour les causes y contenuës, il plût à Sa Majesté, en cassant l'Arrest de la Cour des Aydes de Roüen, du 18. Mars 1692. condamner les Religieux de S. Pierre de Conches, de payer les Droits de Subvention, anciens & nouveaux, cinq sols pour les Vins qu'ils ont fait entrer, à quoi faire ils seroient contraints par saisie de leur Temporel; par lequel Arrest il auroit été ordonné que ladite Requête seroit communiquée ausdits Religieux, pour eux oüis, & leurs réponses vûës, être fait droit aux Parties, & que le Procureur General des Aydes de Normandie en verroit les motifs dudit Arrest du 18. Mars 1692. la Requête des Religieux de Conches signée le Vasseur, Avocat au Conseil, tendante à ce que sans s'arrêter à celle dudit Navarre; l'Arrest du Conseil du 29. Janvier 1664. & celui de la Cour des Aydes dudit jour 18. Mars, fussent executez selon leur forme & teneur; ledit Navarre condamné en l'amende & aux dépens; les motifs dudit Arrest de la Cour des Aydes envoyez par le Procureur General d'icelle. Autre Requête dudit Navarre, du 18. Decembre dernier, employée pour contredits à celle desdits Religieux. La replique faite par lesdits Religieux le 21. Février 1693. par laquelle ils persistent dans leurs conclusions. Autre Requête dudit Navarre servant de contredits à la production des Religieux, du 7. Mars dernier. Copie de l'Arrest du Conseil d'Etat, du 29. Janvier 1664. qui ordonne que les Religieux Cordeliers de Roüen, & autres Religieux, Religieuses & Hôpitaux dénommez dans l'Etat du Roy, du 22. Octobre 1663. joüiront de l'exemption de tous Droits, tant anciens que nouveaux, réünis à la Ferme des Aydes, avec défenses au Fermier de leur demander aucuns droits pour la quantité des Vins & Boissons y mentionnée, à peine de cinq cens livres d'amende, & de tous dépens, dommages & interêts. Un Extrait dudit Etat du Roy, du 22. Octobre 1663. dans lequel les Religieux de Conches sont employez pour trente Muids de Vin. Autres Extraits de pareils Etats expediez depuis ladite année 1663. jusques & compris l'année 1691. dans lesquels lesdits Religieux sont employez pour pareille quantité de trente Muids de Vin. La Sentence des Elûs de Conches, du 23. Septembre 1688. par laquelle main-levée a été accordée ausdits Religieux, des saisies faites par ledit Fermier, pour raison des nouveaux Droits de Subvention. Vû aussi l'Arrest contradictoire de la Cour des Aydes, du 18. Mars 1692. par lequel il a été ordonné que celui du Conseil du 29. Janvier 1664. seroit executé selon sa forme & teneur; & sur l'apel interjetté par ledit Navarre de la Sentence des Elûs de Conches, les Parties hors de Cour, sans dépens. Oüi le Raport du Sieur Chamillart, Conseiller d'Etat ordinaire, Intendant des Finances : LE ROY EN SON CONSEIL, sans avoir égard aux Requêtes dudit Navarre, dont Sa Majesté l'a debouté, faisant droit sur celle desdits Religieux Benedictins de Conches, & conformément à l'Arrest du Conseil du 29. Janvier 1664. qui sera executé selon sa forme & teneur; A Ordonné & Ordonne que lesdits Religieux & autres Religieux, Religieuses & Hôpitaux dénommez dans les Etats qui ont été, & seront ci-aprés arrêtez au Conseil pour l'exemption des Droits d'entrée dans la Ville de Roüen, & Bureaux en dépendans, joüiront de l'exemption de tous droits, tant anciens que nouveaux, réünis à la Ferme generale des Aydes, à l'exception de ceux de Jauge & Courtage, pour les Vins & Boissons qui ne seront pas du crû de leurs Benefices, pour la quantité des Vins & Boissons portée par lesdits Etats, & en consequence Sa Majesté a fait & fait pleine & entiere main-levée ausdits Religieux de Conches, des saisies & arrêts faits entre les mains de leurs Fermiers, pour le payement desdits droits; faisant défenses ausdits Fermiers des Aydes de les troubler à l'avenir dans ladite exemption, à peine de cinq cens livres d'amende, & de tous dépens, dommages & interêts. FAIT au Conseil d'Etat du Roy, tenu à Versailles le septiéme jour d'Avril 1693. Collationné. Signé, DU JARDIN.

DECLARATION DU ROY,

Qui régle la séance des Curez, & autres Ecclesiastiques dans les Assemblées qui se font pour l'administration & gouvernement des Hôpitaux & Maladeries.

Du 12. Decembre 1698.

LOUIS par la grace de Dieu Roy de France & de Navarre : A tous ceux qui ces presentes Lettres verront, Salut. Nous avons par nôtre Edit du mois de Mars 1693. desuni de l'Ordre de Nôtre-Dame du Mont-Carmel & de S. Lazare, les Maladeries, Leproseries, Hôpitaux & autres lieux pieux qui avoient été unis par autre Edit du mois de Decembre 1672. & Déclaration intervenuë en consequence; & par nôtre Déclaration du 24. Aoust audit an 1693. ordonné que lesdits Biens desunis seroient employez à la subsistance & soulagement des Pauvres, & particulierement des Malades, sur les avis des Sieurs Archevêques & Evêques de nôtre Royaume, & des Sieurs Commissaires départis dans les Provinces pour l'execution de nos Ordres; en execution dequoi par plusieurs autres Arrêts du Conseil rendus sur lesdits avis, & par les Lettres Patentes expediées en consequence, & enregistrées és Cours de Parlement dans le Ressort desquels lesdits Biens sont situez, l'emploi & l'aplication en auroit été faite, soit par l'établissement ou rétablissement d'hospitalité dans ceux desdits lieux dont les revenus se sont trouvez suffisans à cet éfet, soit par l'union de ceux d'un petit revenu à d'autres Hôpitaux anciens où l'hospitalité étoit déja exercée, ou à ceux dans lesquels elle devoit être établie en vertu desdits Arrêts & Lettres Patentes, aux charges & conditions y portées, pour être les revenus desdits Biens employez à la subsistance des pauvres Malades des lieux, suivant les Réglemens qui seroient faits. Et dautant que pour consommer cet ouvrage si utile & si generalement répandu dans toutes les Provinces, & presque dans tous les Diocéses du Royaume, & en assurer la durée & le succés, il ne reste qu'à faire lesdits Régle-

Réglemens, afin d'établir dans lesdits Hôpitaux le bon ordre, la conduite & la police necessaire, Nous aurions jugé à propos de faire un Réglement general que Nous voulons être observé dans lesdits Hôpitaux nouvellement établis ou rétablis, & même dans ceux des anciens Hôpitaux ausquels il a été uni des Hôpitaux, Maladeries & autres lieux pieux, desunis de l'Ordre de Nôtre-Dame du Mont-Carmel & de S. Lazare, & qui n'ont point de Réglement: A quoi étant necessaire de pourvoir, POUR CES CAUSES, & autres, de nôtre certaine science, pleine puissance & autorité Royale, Nous avons par ces Presentes signées de nôtre main, dit, déclaré & ordonné, disons, déclarons & ordonnons, Voulons & Nous plaît, que chacun des Hôpitaux, Maladeries, Leproseries & autres lieux pieux, desunis de l'Ordre de Nôtre-Dame du Mont-Carmel & de S. Lazare, dans lesquels l'hospitalité a été établie ou rétablie en execution desdits Edit & Déclaration des mois de Mars & Aoust 1693. & des Arrêts & Lettres Patentes expediées en consequence, sera regi & gouverné, & administré ainsi qu'il ensuit.

I. Il y aura en chacun desdits Hôpitaux un Bureau ordinaire de Direction, composé du premier Officier de la Justice du lieu, & en son absence de celui qui le represente, du Procureur pour Nous aux Sieges, ou du Seigneur, du Maire; de l'un des Eschevins, Consuls ou autres ayant pareille fonction, & du Curé; & s'il y a plusieurs Paroisses dans le lieu, les Curez y entreront chacun pendant une année & tour à tour, à commencer par le plus ancien.

II. Outre ces Directeurs nez, il en sera choisi de trois ans en trois ans dans les Assemblées generales qui seront tenuës, ainsi qu'il sera dit ci-aprés, tel nombre qui sera jugé à propos dans chaque lieu d'entre les principaux Bourgeois & Habitans, pour avoir entrée, séance aprés les Directeurs nez, & voix déliberative dans le Bureau de Direction pendant ledit tems de trois ans, sauf à l'Assemblée generale à les continuer tous, ou seulement quelques-uns si bon lui semble.

III. Le Bureau ordinaire de Direction s'assemblera une fois la semaine, ou tous les quinze jours au moins, dans l'Hôpital au jour & heure qui sera marquée, & plus souvent si les affaires le requierent.

IV. Il sera tenu des Assemblées generales dans chacun Hôpital une ou deux fois par chacune année aux tems qui seront marquez.

V. Les Assemblées generales seront composées, outre le Bureau ordinaire, de ceux qui auront été Directeurs de l'Hôpital, & des autres Habitans qui ont droit de se trouver aux Assemblées de la Communauté du lieu.

VI. Les Déliberations qui auront été prises dans les Assemblées generales & dans le Bureau de Direction, seront écrites sur un Registre paraphé par le premier Officier de Justice, & signées; Sçavoir, celles du Bureau de Direction par tous ceux qui y auront assisté, & celles des Assemblées generales par les Principaux & plus Notables du lieu.

VII. Il sera nommé tous les trois ans par le Bureau de Direction, un Tresorier ou Receveur, pour faire les Recettes des revenus de l'Hôpital, & les employer à l'acquit des Charges, à la subsistance & entretien des Pauvres, & autres dépenses utiles & necessaires.

VIII. Il sera nommé dans le Bureau de Direction au commencement de chacune année, & plus souvent s'il est jugé à propos, deux des Directeurs nez ou élûs pour expedier les Mandemens des sommes qui devront être payées par le Tresorier ou Receveur; & il ne lui en poura être alloüé aucune en dépense, qu'en raportant les Mandemens signez desdits deux Directeurs.

IX. Le Tresorier ou Receveur aura entrée dans toutes les Assemblées ordinaires & extraordinaires, sans voix déliberative.

X. Les Archevêques & Evêques auront conformément à l'article 29. de l'Edit du mois d'Avril 1695. la premiere séance, & présideront tant dans le Bureau ordinaire, que dans les Assemblées generales qui se tiendront pour l'administration des Hôpitaux de leurs Dioceses lorsqu'ils y voudront assister, & les Ordonnances & Réglemens qu'ils y feront pour la conduite spirituelle, & celebration du Service Divin, seront executées, nonobstant toutes opositions & apellations simples & comme d'abus, & sans y préjudicier.

XI. En l'absence des Archevêques & Evêques, leurs Vicaires Generaux pouront assister ausdits Bureaux ordinaires & Assemblées generales, y auront voix déliberative, & prendront place aprés celui qui présidera.

XII. Les Baux à ferme des biens & revenus desdits Hôpitaux, ne pouront être faits que dans le Bureau de Direction, aprés les publications necessaires, & aprés avoir reçû les encheres.

XIII. Il ne sera fait aucuns voyages ni réparations, ni accordé aucune diminution aux Fermiers, que par déliberation du Bureau de Direction.

XIV. Il ne poura être entrepris aucun bâtiment ni ouvrage nouveau, intenté ni soûtenu aucun Procés, fait aucun emprunt, ni aquisition, sans une déliberation préalable prise dans l'Assemblée generale.

XV. Le Tresorier ou Receveur sera tenu de presenter au premier Bureau de Direction, qui sera tenu en chacun mois, l'Etat de sa recette & dépense du mois précedent, qui sera arrêté & signé par ceux qui y auront assisté.

XVI. Le Tresorier ou Receveur sera tenu de presenter au Bureau de la Direction, dans les trois premiers mois de chacune année, le compte de la recette & dépense par lui faite dans l'année précedente, & d'y joindre les Etats arrêtez par chacun mois, avec les autres Pieces justificatives, pour être ledit compte arrêté dans le Bureau, & signé par tous ceux qui y auront assisté.

XVII. A faute par ledit Tresorier de presenter son compte dans le tems porté par l'article précedent, il poura être destitué, & il en sera en ce cas nommé un autre en sa place, sans préjudice des poursuites qui seront faites contre celui qui n'aura rendu compte pour l'obliger à le rendre.

XVIII. Le comptable se chargera en recette du reliquat du compte, si aucun y a, & des reprises.

XIX. Les Pieces justificatives seront paraphées par celui qui rendra compte, & par celui qui présidera à l'examen & clôture.

XX. Le compte clos & arrêté dans le Bureau de Direction sera representé & lû dans la premiere Assemblée generale qui sera tenuë ensuite; & en cas qu'il y soit reconnu quelque abus, il y sera pourvû par l'Assemblée, ainsi qu'elle jugera à propos.

XXI. Il sera fait choix d'un lieu commode dans l'Hôpital, où seront mis par ordre les Titres & Papiers concernans les biens de l'Hôpital en une ou plusieurs Armoiries fermantes à deux ou trois clefs, dont chacune sera gardée par ceux qui seront nommez à cet effet.

XXII. Il sera aussi fait un Inventaire desdits Titres & Papiers qui y sera joint, & sur lequel seront ajoûtez les comptes qui seront rendus à l'avenir, & les Actes nouveaux concernans les affaires de l'Hôpital à mesure qu'il s'en passera ; & seront lesdits Actes & Comptes, avec les Pieces justificatives, remis aux Archives de l'Hôpital.

XXIII. Il sera pourvû par le Bureau ordinaire de Direction au surplus de tout ce qui poura regarder l'économie & l'administration du temporel de chacun Hôpital, selon qu'il sera jugé à propos pour le bien & le soulagement des Pauvres.

Et quant aux Hôpitaux, Maladeries, Leproseries & autres lieux pieux, & biens en dépendans desunis de l'Ordre de Nôtre-Dame du Mont-Carmel & de S. Lazare, & unis en execution desdits Edit & Déclaration des mois de Mars & Aoust 1693. Arrêts & Lettres Patentes expediées en conséquence à d'autres Hôpitaux établis avant le mois de Mars 1693. Nous ordonnons que lesdits biens seront regis dans la même forme & maniere, & suivant les mêmes Réglemens que les anciens biens & revenus des Hôpitaux ausquels l'union en a été faite. Et en cas que les Hôpitaux n'ayent point de Réglemens, Voulons que le present Réglement y soit gardé & observé, tant pour les biens dont ils joüissoient avant lesdites unions, que pour ceux qui ont été nouvellement unis par lesdits Arrêts & Lettres Patentes. SI DONNONS EN MANDEMENT à nos amez & feaux Conseillers les Gens tenans nôtre Cour de Parlement à Paris, que ces Presentes ils ayent à faire registrer, & le contenu en icelles garder & observer selon leur forme & teneur, sans souffrir qu'il y soit contrevenu en quelque sorte & maniere que ce soit. Enjoignons à nos Procureurs Generaux de tenir la main à ce que ces Presentes soient registrées dans tous les Sieges de leur Ressort : CAR tel est nôtre plaisir. En témoin dequoi Nous avons fait mettre nôtre Scel. DONNE' à Versailles le 12. jour de Décembre, l'an de grace 1698. Et de nôtre Régne le cinquante-sixiéme. Signé, LOUIS. *Et sur le repli*, Par le Roy, PHELYPEAUX. Et scellées du grand Sceau de cire jaune.

Registrées en Parlement, le 19. Décembre 1698. Signé, DU JARDIN.

DECLARATION DU ROY,

CONCERNANT l'instruction & les devoirs des Nouveaux Convertis, & de leurs Enfans.

Du 13. Décembre 1698.

LOUIS par la grace de Dieu Roy de France & de Navarre: A tous ceux qui ces presentes Lettres verront, Salut. Le desir que Nous avons eu de voir nos Sujets réünis dans la Religion Catholique, Apostolique & Romaine, établie & observée si religieusement depuis tant de Siécles dans nôtre Royaume, Nous ayant obligé de revoquer par nôtre Edit du mois d'Octobre 1685. ceux par lesquels les Rois nos Prédecesseurs, & nommément le Roy Henry IV. de glorieuse memoire, avoient été obligez par les desordres arrivez sous leurs Régnes, de tolerer la Religion Prétenduë Réformée, Nous avons vû avec une grande satisfaction, la plus grande partie de nos Sujets qui y étoient engagez, rentrer dans le sein de l'Eglise, dont leurs Peres s'étoient séparez dans le dernier Siécle. Mais quoique l'augmentation des soins & des travaux que Nous avons été obligez de suporter durant la derniere Guerre, n'ait pas diminué l'attention que Nous donnons continuellement à la perfection de ce grand Ouvrage; Neanmoins comme ceux dont nous sommes obligez de Nous servir pour l'execution de nos Ordres dans les Provinces de nôtre Royaume, distraits à tant de choses différentes dont Nous avons été obligez de les charger depuis quelques années, n'ont pû avoir la même vigilance sur ce sujet, Nous aprenons avec beaucoup de déplaisir que des Ministres qui étoient ci-devant dans le Royaume, & même quelques-uns de nosdits Sujets plus endurcis dans leurs erreurs, abusans dans cette conjoncture de la foiblesse & de la legereté des autres, les avoient flâtez de vaines esperances, qui en avoient fait relâcher quelques-uns des bonnes dispositions où ils étoient auparavant: Et comme Nous ne souhaitons rien avec plus d'ardeur que de voir dans son entiere perfection un dessein que Nous avons entrepris pour la gloire de Dieu, & pour le salut d'un si grand nombre de nos Sujets, Nous avons crû que Nous devions y donner encore de nouveaux soins dans ces tems de la Paix, qu'il a plû à Dieu d'accorder à l'Europe, pour détromper nosdits Sujets des illusions, dont on a tâché de les abuser, & employer les moyens les plus efficaces pour les ramener solidement, & veritablement dans le sein de l'Eglise Catholique, hors de laquelle ils ne peuvent esperer de salut. A CES CAUSES, Nous avons dit & déclaré, disons & déclarons par ces Presentes signées de nôtre main, Voulons & Nous plaît, que nôtre Edit du mois d'Octobre 1685. portant revocation de celui de Nantes, & autres faits en conséquence, soient executez. Faisons iteratives défenses à tous nos Sujets de faire aucun exercice de la R. P. R. dans toute l'étenduë de nôtre Royaume; de s'assembler pour cet effet en aucun lieu, en quelque nombre & sous quelque prétexte que ce puisse être, de recevoir aucuns Ministres, & avoir directement ou indirectement aucun commerce avec eux; ce que Nous leur défendons encore trés-expressément, sur les peines portées par les Edits & Déclarations que Nous avons fait sur ce sujet, lesquels Nous voulons être executez selon leur forme & teneur. Enjoignons à nos Procureurs Generaux, à leurs Substituts, & à tous autres Officiers, d'y tenir la main, & de Nous informer soigneusement des diligences qu'ils feront pour cet effet dans toutes les occasions qui s'en pouront presenter.

II. Admonestons, & neanmoins enjoignons à tous les Archevêques & Evêques de nôtre Royaume, de continuer à résider dedans leurs Dioceses, suivant les dispositions des Saints Canons & de nos Ordonnances; d'y travailler avec tout le zéle, & l'attention possible à l'instruction & au salut de tous nos Sujets, qu'il a plû à Dieu de confier à leur autorité spirituelle, & d'aporter encore des soins plus particuliers pour l'instruction de ceux de nos Sujets qui se sont réünis à la Religion Catholique, Apostolique & Romaine, qui peuvent se rencontrer dedans leurs Dioceses.

III. Admonestons pareillement, & neanmoins enjoignons à tous les Archevêques & Evêques, d'employer toute l'autorité qu'il a plû à Dieu d'attacher à leur Caractere, pour inspirer les mêmes sentimens aux Ecclesiastiques, & particulierement aux Curez qui ont sous leur autorité le soin principal des ames de nos Sujets dans leurs Paroisses, d'avoir une attention particuliere à ce qu'ils les instruisent des Mysteres de nôtre sainte Religion, & des régles de la Morale Chrêtienne; qu'ils fassent à cet effet au moins les Dimanches & Fêtes des Instructions & des Catechismes à certaines heures, & en la maniere que lesdits Archevêques & Evêques leur prescriront, & de prendre soin que les Prédicateurs instruisent nosdits Sujets des mêmes veritez dans leurs Prédications.

IV. Admonestons, & neanmoins enjoignons ausdits Archevêques & Evêques de commettre des Ecclesiastiques tels qu'ils trouveront à propos pour faire lesdites Instructions, & pendant le tems qu'ils l'estimeront necessaire, lorsqu'ils ne trouveront pas les Curez de certains lieux où il y a plusieurs personnes qui se sont nouvellement réünis à la Religion Catholique, capables de les faire avec succés, voulant bien pourvoir du fonds de nos Finances à la subsistance desdits Ecclesiastiques, sur le compte que lesdits Prélats Nous rendront de la necessité qu'ils trouveront de le faire.

V. Exhortons tous nos Sujets, & notamment ceux qui ont la Haute-Justice, & autres personnes les plus considérables, ensemble ceux qui se sont nouvellement réünis à l'Eglise, d'assister le plus exactement qu'il leur sera possible au Service Divin, afin d'attirer les graces que Dieu donne à ceux qui joignent leurs prieres particulieres à celles de son Eglise; leur enjoignons à tous de s'y tenir toûjours avec reverence, & principalement encore dans le tems de la celebration de la sainte Messe, & d'y adorer à genoux le Trés-Saint Sacrement de l'Autel: Comme aussi, d'observer les Commandemens de l'Eglise pour les jeûnes, l'abstinence de viande, & la cessation de toutes sortes de travail, & d'avoir soin que leurs enfans & domestiques s'acquitent exactement des mêmes devoirs.

VI. Enjoignons pareillement à tous nosdits Sujets de rendre l'honneur & le respect qu'ils doivent à tout ce qui regarde la Religion dedans & dehors les Eglises par leurs actions & par leurs paroles, d'honorer les personnes Ecclesiastiques, & particulierement encore les Archevêques & Evêques, & les Curez de leurs Paroisses; de recevoir avec déference les avis qu'ils leur donneront touchant la Religion & leur conduite spirituelle: Le tout à peine de punition exemplaire contre les contrevenans.

VII. Enjoignons à nosdits Sujets réünis à l'Eglise, d'observer dans les Mariages qu'ils voudront contracter les solemnitez prescrites par les saints Canons, & notamment par ceux du dernier

Concile, & par nos Ordonnances, Nous reservant de pourvoir sur les contestations qui pouroient être intentées à l'égard des effets Civils de ceux qui auront été contractez par eux depuis le premier Novembre de l'an 1685. lorsque Nous serons plus exactement informez de la qualité & des circonstances des faits particuliers.

VIII. Enjoignons à tous nos Sujets, & notamment à ceux qui sont nouvellement réünis à l'Eglise, de faire bâtiser leurs enfans dans les Eglises des Paroisses où ils demeurent, dans vingt-quatre heures aprés leur naissance, si ce n'est qu'ils ayent obtenu permission des Archevêques ou Evêques Diocesains de différer les ceremonies des Bâtêmes pour des raisons considérables. Enjoignons aux Sages-Femmes & autres personnes qui assistent les femmes dans leurs accouchemens, d'avertir les Curez des lieux de la naissance des enfans, & à nos Officiers & à ceux des Sieurs qui ont la Haute-Justice, d'y tenir la main, & de punir les contrevenans par des condamnations d'amendes, même par des plus grandes peines, suivant l'exigence des cas.

IX. Voulons que l'on établisse autant qu'il sera possible des Maîtres & Maîtresses dans toutes les Paroisses où il n'y en a point, pour instruire tous les enfans, & nommément ceux dont les peres & les meres ont fait profession de la R. P. R. du Catechisme & des Prieres qui sont necessaires, pour les conduire à la Messe tous les jours ouvriers, leur donner l'instruction dont ils ont besoin sur ce sujet, & pour avoir soin pendant qu'ils iront ausdites Ecoles, qu'ils assistent à tous les Services Divins les Dimanches & les Fêtes; comme aussi, pour aprendre à lire & même à écrire à ceux qui pouront en avoir besoin, le tout en la maniere prescrite par l'Article XXV. de nôtre Edit du mois d'Avril 1695. concernant la Jurisdiction Ecclesiastique, & ainsi qu'il sera ordonné par les Archevêques & Evêques; & que dans les lieux où il n'y aura point d'autres fonds, il puisse être imposé sur tous les Habitans la somme qui manquera pour leur subsistance jusqu'à celle de 150 livres par an pour les Maîtres, & 100 livres pour les Maîtresses, & que les Lettres necessaires en soient expediées sans frais, sur les avis que les Archevêques & Evêques Diocesains, & les Commissaires départis dans nos Provinces pour l'execution de nos Ordres nous en donneront.

X. En-

X. Enjoignons à tous les Peres, Meres, Tuteurs, & autres personnes qui sont chargez de l'éducation des enfans, & nommément de ceux dont les Peres & Meres ont fait profession de ladite R. P. R. de les envoyer ausdites Ecoles & aux Catechismes jusqu'à l'âge de quatorze ans, si ce n'est que ce soient des personnes de telle condition, qu'elles puissent & qu'elles doivent les faire instruire chez eux par des Précepteurs bien instruits de la Religion, & de bonnes mœurs, ou les envoyer aux Colleges. Enjoignons aux Curez de veiller avec une attention particuliere sur l'instruction desdits enfans dans leurs Paroisses, même à l'égard de ceux qui n'iront pas ausdites Ecoles. Admonestons, & neanmoins enjoignons aux Archevêques & Evêques de s'en informer soigneusement. Ordonnons aux Peres & autres qui en ont l'éducation, & particulierement aux personnes les plus considerables par leur naissance & par leurs emplois, de leur representer les enfans qu'ils ont chez eux lorsqu'ils l'ordonneront dans le cours de leurs visites, pour leur rendre compte de l'instruction qu'ils auront reçû touchant la Religion; & à nos Juges, Procureurs, & à ceux des Sieurs qui ont la Haute-Justice, de faire toutes les diligences, requisitions, & ordonnances necessaires pour l'execution de nôtre volonté à cet égard, & de punir ceux qui seroient negligens d'y satisfaire, ou qui auroient la témerité d'y contrevenir de quelque maniere que ce puisse être, par des condamnations d'amende ou plus grandes peines, suivant l'exigencé des cas.

XI. Enjoignons aux Parens lorsqu'ils nomment des Tuteurs ou des personnes pour avoir soin de l'éducation des enfans Mineurs, de les choisir de bonnes vies & mœurs, & qu'ils remplissent exactement tous les devoirs de la Religion Catholique.

XII. Enjoignons aux Medecins, & à leur défaut aux Apoticaires & Chirurgiens qui seront apellez pour visiter les Malades, d'en donner avis aux Curez des Paroisses, dans lesquelles ils demeurent aussi-tôt qu'ils jugeront que la Maladie pouroit être dangereuse, s'ils ne voyent qu'ils y ayent été apellez d'ailleurs, afin que les Malades, & nommément nosdits Sujets nouvellement réünis à l'Eglise, puissent en recevoir les avis & les consolations spirituelles dont ils auront besoin, & le secours des Sacremens lorsqu'ils les trouveront en état de les recevoir. Enjoignons aux Parens, Serviteurs, & autres personnes qui sont auprés desdits Malades de les faire entrer auprés d'eux, & de les recevoir avec la bien-séance convenable à leur caractere; Et Voulons que ceux desdits Medecins, Apoticaires & Chirurgiens qui negligeront de satisfaire aux Ordres que Nous leur donnons à cet égard, soient condamnez en des amendes, & même interdits en cas de récidive, suivant l'exigence des cas.

XIII. Ordonnons que suivant les anciennes Ordonnances des Rois nos Prédecesseurs & l'usage observé, personne ne sera reçû en aucune Charge de Judicature dans toutes nosdites Cours & Justices, dans celles des Sieurs Hauts-Justiciers, même en celles des Hôtels de Ville qui ont été érigées en titre d'Office, ensemble dans celles des Greffiers, Procureurs, Notaires & Huissiers, sans avoir une attestation du Curé de la Paroisse dans laquelle il demeure, ou de leurs Vicaires en forme de déposition de leurs bonnes vie & mœurs, ensemble de l'exercice qu'ils font de la Religion Catholique, Apostolique & Romaine.

XIV. Ordonnons que les Licences ne pouront être accordées ci-aprés dans les Universitez de nôtre Royaume à ceux qui auront étudié en Droit ou en Medecine, que sur des attestations semblables que les Curez donneront, & qui seront representées à ceux qui leur doivent donner lesdits Degrez.

XV. Voulons au surplus que nosdits Sujets joüissent paisiblement de leurs biens, & exercent leurs Commerces ainsi que les autres, à la charge par eux de se faire instruire & confirmer en la Religion Catholique, Apostolique & Romaine, d'y laisser & même d'y faire instruire leurs enfans, d'observer exactement nos Edits & Déclarations, & de se comporter en tout comme nos bons & fidéles Sujets le doivent faire. Si donnons en Mandement à nos amez & feaux Conseillers les Gens tenans nôtre Cour de Parlement à Paris, que ces Presentes ils ayent à faire lire, publier & registrer, & le contenu en icelles garder & observer selon sa forme & teneur: Car tel est nôtre plaisir. En témoin dequoi Nous avons mis nôtre Scel à cesdites Presentes. Donné à Versailles le 13. jour de Decembre, l'an de grace mil six cens quatre-vingt-dix-huit, & de nôtre Régne le cinquante-sixiéme. Signé, LOUIS. *Et plus bas*, Par le Roy, Phelypeaux. Et scellé du grand Sceau de cire jaune.

Registrées en Parlement le 20. Decembre 1698. Signé, Du Jardin.

DECLARATION DU ROY,

POUR l'établissement des Seminaires dans les Diocéses où il n'y en a point ; & pour executer les Ordonnances des Archevêques & Evêques dans leurs visites.

Du 15. Decembre 1698.

LOUIS par la grace de Dieu Roy de France & de Navarre : A tous ceux qui ces presentes Lettres verront, Salut. Rien n'étant plus important pour le bien de la Religion que d'avoir des Ecclesiastiques capables par leurs mœurs & par leur doctrine de remplir les saintes fonctions ausquelles ils sont destinez, l'Eglise a jugé que le moyen le plus assuré pour y réussir, étoit l'établissement des Seminaires, dans lesquels on pouvoit élever les Clercs dés les premiers tems de leur jeunesse, les former à la pieté, les instruire dans les sciences qui sont necessaires à leur état, & les y recevoir encore pour quelque tems lors qu'aprés y avoir été élevez, ils auroient besoin d'y venir reprendre ou fortifier l'esprit de leur profession ; les Rois nos Prédecesseurs ont autorisé par leurs Ordonnances l'execution de ces saints Canons, & Nous avons favorisé les établissemens de ces Seminaires dans toutes les occasions qui s'en sont presentées. Et comme Nous aprenons qu'il y a encore quelques Evêchez dans nôtre Royaume où il n'y en a point, & quelques-uns où l'on en pouroit établir de nouveaux, pour élever dans l'état Ecclesiastique de jeunes Clercs, qui n'ont pas d'eux-mêmes le moyen d'étudier, & qu'il y a eu quelques contestations sur l'execution des Ordonnances, par lesquelles aucuns Archevêques & Evêques avoient ordonné à quelques Curez dans certains cas particuliers de se retirer pour certain tems dans des Seminaires ; Nous avons estimé necessaire d'y pourvoir, & de déclarer nôtre volonté sur des sujets si importans. A CES CAUSES, & autres considerations à ce Nous mouvans, Nous exhortons & neanmoins enjoignons par ces Presentes signées de nôtre main, à tous les Archevêques & Evêques de nôtre Royaume, d'établir inceſſamment des Seminaires dans les Dioceſes où il n'y en a point, pour y former des Eccleſiaſtiques, & d'établir autant qu'il ſera poſſible dans les Diocéſes où il y en a déja pour les Clercs plus âgez, des Maiſons particulieres, pour l'éducation des jeunes Clercs pauvres, depuis l'âge de douze ans, qui paroîtront avoir de bonnes diſpoſitions pour l'état Eccleſiaſtique, & de pourvoir à la ſubſiſtance des uns & des autres par union de Benefices, & par toutes les autres voyes canoniques & legitimes. Ordonnons au ſurplus, que les Ordonnances par leſquelles les Archevêques ou Evêques auroient eſtimé neceſſaire d'enjoindre à des Curez & autres Eccleſiaſtiques ayant charge d'ames, dans le cours de leurs viſites, & ſur les Procez verbaux qu'ils auront dreſſé, de ſe retirer dans des Seminaires, juſques & pour le tems de trois mois, pour des cauſes graves, mais qui ne meritent pas une inſtruction dans les formes de la procedure criminelle, ſeront executées, nonobſtant toutes apellations & opoſitions quelconques, & ſans y préjudicier. SI DONNONS EN MANDEMENT à nos amez & feaux Conſeillers les Gens tenans nôtre Cour de Parlement de Paris, que ces Preſentes ils ayent à faire lire, publier & regiſtrer, & le contenu en icelles garder & obſerver ſelon ſa forme & teneur : CAR tel eſt nôtre plaiſir. En témoin dequoi Nous avons fait mettre nôtre Scel à ceſdites Preſentes. DONNÉ à Verſailles le quinziéme jour de Decembre, l'an de grace mil ſix cens quatre-vingt-dix-huit : Et de nôtre Régne le cinquante-ſixiéme. Signé, LOUIS. *Et ſur le repli*, Par le Roy, PHELYPEAUX. Et ſcellées du grand Sceau de cire jaune.

Regiſtrées en Parlement le trente-uniéme Decembre mil ſix cens quatre-vingt-dix-huit. Signé, DONGOIS.

DECLARATION DU ROY,

PORTANT que les publications pour affaires temporelles, ne seront faites qu'à l'issuë des Messes de Paroisses : Défenses de tenir Foires & Marchez, & des Danses publiques les Dimanches & les Fêtes. D'ouvrir les Jeux de Paume & Cabarets, & aux Bâteleurs & autres, de faire aucune representation pendant les heures du Service Divin.

Du 16. Decembre 1699.

LOUIS par la grace de Dieu Roy de France & de Navarre : A tous ceux qui ces presentes Lettres verront, Salut. L'obligation dans laquelle Nous sommes de procurer autant qu'il Nous est possible, que le Service Divin soit célebré avec toute la décence & la dignité convenable, & que nos Sujets y assistent aussi assiduëment qu'ils le doivent, Nous a engagé à défendre par l'Article XXXII. de nôtre Edit du mois d'Avril 1695. que l'on y publiât aucune chose profane qui pût l'interrompre. Et comme Nous avons été informez que cette disposition n'étoit pas executée pour ce qui regarde nos affaires, & que les articles des Ordonnances d'Orleans & de Blois que les Rois Charles IX. & Henry III. nos Prédecesseurs ont fait pour empêcher que nos Sujets ne fussent détournez d'assister au Service Divin, ne sont pas observez aussi ponctuellement qu'il seroit à desirer, Nous avons estimé necessaire d'y pourvoir. A CES CAUSES, & autres considerations à ce Nous mouvans, Nous avons Dit & Déclaré, Disons & Déclarons par ces Presentes signées de nôtre main, Voulons & Nous plaît, Que l'Article XXXII. de nôtre Edit du mois d'Avril 1695. soit executé suivant sa forme & teneur, même à l'égard de ce qui regarde nos propres affaires ; que les publications en soient faites seulement à l'issuë des Messes de Paroisses par les Officiers qui en seront chargez, & que les publications qui seront faites de cette sorte, soient de même éfet & vertu que si elles étoient faites aux Prônes desdites Messes, nonobstant tous Edits, Déclarations & Coûtumes à ce contraires, ausquelles Nous avons dérogé & dérogeons à cet égard. Ordonnons pareillement que les Articles XXIII. XXIV. & XXV. de l'Ordonnance d'Orleans, & le XXXVIII. de celle de Blois, portant défenses de tenir des Foires & Marchez, & des Danses publiques les Dimanches & les Fêtes ; d'ouvrir les Jeux de Paumes & Cabarets, & aux Bâteleurs & autres gens de cette sorte, de faire aucune representation pendant les heures du Service Divin, tant les matins que les aprés-dînées, soient executez. Enjoignons à tous nos Juges & autres ressortissans nuëment en nos Cours de Parlement, de les faire lire & publier de nouveau dans leurs Ressorts, avec nôtre presente Déclaration, & d'en certifier nosdites Cours en la maniere accoûtumée ; & à eux & tous autres Juges de punir les contrevenans par condamnations d'amende, & autres peines plus graves s'il y échet, suivant l'exigence des cas. SI DONNONS EN MANDEMENT à nos amez & feaux Conseillers les Gens tenans nôtre Cour de Parlement à Paris, que ces Presentes ils ayent à faire lire, publier & registrer, & icelles executer selon leur forme & teneur : CAR tel est nôtre plaisir. En témoin dequoi Nous avons fait mettre nôtre Seel à cesdites Presentes. DONNÉ à Versailles le seiziéme jour de Decembre, l'an de grace mil six cens quatre-vingt-dix-huit ; Et de nôtre Régne le cinquante-sixiéme. Signé, LOUIS. *Et sur le repli*, Par le Roy, PHELYPEAUX. Et scellées du grand Sceau de cire jaune.

Registrées en Parlement le trente-uniéme Decembre mil six cens quatre-vingt-dix-huit. Signé, DONGOIS.

ARTICLES DE L'ORDONNANCE du Roy Charles IX. donnée à Orleans en 1560.

ARTICLE XXIII.

DÉFENDONS à tous Juges permettre qu'és jours de Dimanches & Fêtes annuelles & solemnelles, aucunes Foires & Marchez soient tenus, ni Danses publiques faites : & leur enjoignons de punir ceux qui y contreviendront.

ARTICLE XXIV.

Défendons à tous Joüeurs de farces, Bâteleurs, & autres semblables, joüer lesdits jours de Dimanches & Fêtes, aux heures du Service Divin; se vêtir d'habits Ecclesiastiques, joüer choses dissoluës, & de mauvais exemple; à peine de prison, & de punition corporelle; & à tous Juges de leur bailler & donner permission de joüer durant lesdites heures.

ARTICLE XXV.

Défendons aussi à tous Cabaretiers, Taverniers & Maîtres de Jeu de Paume, recevoir esdites heures du Service Divin aucunes personnes de quelque qualité qu'elles soient: Et à tous Manans & Habitans de Villes, Bourgades & Villages, même à ceux qui sont mariez & ont ménage, aller boire ou manger és Tavernes & Cabarets; & ausdits Taverniers & Cabaretiers les y recevoir, à peine d'amende arbitraire pour la premiere fois, & de prison pour la seconde. Enjoignons à tous Juges ne permettre qu'il soit aucunement contrevenu au contenu ci-dessus, à peine de suspension de leurs états, & de privation d'iceux, en cas de longue dissimulation & connivence.

ARTICLE DE L'ORDONNANCE du Roy Henry III. donnée à Blois en 1579.

ARTICLE XXXVIII.

ENJOIGNONS à tous nos Juges de faire garder & observer étroitement les défenses portées par les Ordonnances faites à Orleans, tant pour le regard des Foires & Marchez & Danses publiques és jours de Fêtes, que contre les Joüeurs de farces, Bâteleurs, Cabaretiers, Maîtres de Jeux de Paume & d'escrime, sur les peines contenuës esdites Ordonnances.

ARREST DU PARLEMENT,

CONCERNANT les honneurs qu'on doit rendre aux Laïques qui servent aux Offices Divins.

Du 25. May 1698.

LOUIS par la grace de Dieu Roy de France & de Navarre: Au premier des Huissiers de nôtre Cour de Parlement, ou autre nôtre Huissier ou Sergent sur ce requis; SÇAVOIR FAISONS, Que le jour & datte des Presentes, vû par nôtredite Cour la Requête à elle presentée par Jean Lienard Prêtre, Chanoine de l'Eglise Cathedrale de Laon, Syndic du Clergé du Diocése dudit Laon, à ce que pour les causes y contenuës, & attendu qu'au préjudice de l'Article XLV. de nôtre Edit du mois d'Avril 1695. verifié en nôtredite Cour le 14. May audit an, qui ordonne en termes exprés, que même les Laïcs dont les Curez sont obligez de se servir en certains lieux, pour aider au Service Divin, y recevront pendant ce tems les honneurs de l'Eglise préferablement à tous autres Laïcs: Plusieurs Gentilshommes dudit Diocése de Laon, Seigneurs de Paroisses, s'immisçoient de contrevenir audit Article dudit Edit, & par des voyes de fait & violences, empêchoient les Fêtes & Dimanches le Service Paroissial, voulant avoir préferablement aux Clercs desdits Curez les honneurs de l'Eglise, lesquelles contraventions & entreprises n'étoient pas raisonnables; Il plût à nôtredite Cour ordonner que ledit Article XLV. dudit Edit, seroit executé dans ledit Diocése de Laon, selon sa forme & teneur; Ce faisant, enjoindre à tous Gentilshommes, même Seigneurs de Paroisses y demeurans, d'executer ledit Article; faire défenses à chacun d'eux, sous peine de mil livres d'amende, de troubler lesdits Clercs dans la perception des honneurs de l'Eglise, qui leur sont attribuez préferablement, par ledit Edit, ausdits Gentilshommes, pendant qu'ils aident au Service Divin, & empêcher directement ni indirectement lès Curez de les leur donner, & lesdits Clercs de les recevoir, sous telle peine qu'il plairoit à nôtredite Cour; ladite Requête signée Lefranc, Procureur: Conclusions de de nôtre Procureur General : Oüi le Raport de M. Jean Bochart Conseiller ; TOUT CONSIDERÉ : Nôtredite Cour ayant égard à la Requête, Ordonne que l'Article XLV. de nôtre Edit du mois d'Avril 1695. sera executé selon sa forme & teneur, & en particulier dans le Diocese de Laon : Ce faisant, enjoint à tous Gentilshommes, même Seigneurs de Paroisses y demeurans, d'executer ledit Article ; leur fait défenses de troubler les Clercs dans la perception des honneurs de l'Eglise qui leur sont dûs préférablement ausdits Gentilshommes, pendant qu'ils aident au Service Divin, ni d'empêcher les Curez directement ni indirectement de les donner ausdits Clercs, & lesdits Clercs de les recevoir, à peine d'amende, & de tous dépens, dommages & interêts. SI te mandons le present Arrest mettre à dûë & entiere execution selon sa forme & teneur : De ce faire te donnons pouvoir. DONNÉ à Paris en nôtredite Cour de Parlement le 25. de Mars, l'an de grace 1698. Et de nôtre Régne le cinquante-cinquiéme. Par la Chambre, Signé, DU JARDIN. Collationné.

ARREST CONTRADICTOIRE
DU PARLEMENT,

CONFIRMATIF du précedent, concernant les honneurs dûs aux Ecclesiastiques, même aux Laïques servans aux Offices Divins.

Du 3. Février 1699.

ENTRE Maître Jean Lienart Prêtre, Chanoine de l'Eglise Cathedrale de Laon, Syndic du Clergé du Diocese dudit Laon, demandeur en execution de l'Arrest de la Cour du 25. Mars 1698. suivant l'Exploit du 28. Juin 1698. ledit Exploit tendant à ce qu'il soit ordonné que ledit Arrest sera executé selon sa forme & teneur ; Ce faisant, que le Clerc de la Paroisse de Landifay recevra les honneurs de l'Eglise avant le défendeur ci-aprés nommé : que défenses lui seront faites de l'empêcher directement ou indirectement, même de le troubler dans les fonctions de son ministere, & en outre qu'il sera condamné en telle amende qu'il plaira à la Cour, pour avoir contrevenu audit Arrest dûëment publié en la Paroisse de Landisay, les Dimanches 4. & 11. May, comme il apert par le Certificat de publication du premier Juin, d'une part : Et Charles de Brodart, Sieur de Lantifay, défendeur, d'autre ; Et entre M. Alphonse de Miremont Chevalier, Seigneur de Berrieux, Aizelle & Gaudelancourt, Fayaux, Saint Erme, Outre & Ramecourt, & autres lieux, Capitaine de Cavalerie ; Alexandre de Miremont, Chevalier de l'Ordre Militaire de saint Loüis, Seigneur & Baron de Montaigu, & autres lieux ; Augustin d'Ausbourg Chevalier, Marquis de Labauve, de Bouconville, Biévre, Manchalon, & autres lieux ; Charles du Glas Chevalier, Seigneur d'Arancy, Misontaine & autres lieux ; Claude-René d'Ausbourg Chevalier, Seigneur de Villembray, & autres lieux ; David de Proisy Chevalier, Seigneur, Baron d'Aippe ; Charles de Proisy Chevalier, Seigneur d'Aubigny, Saint Jean Vandier & autres lieux, Capitaine au Regiment Royal d'Artillerie ; Charles de Bezanne Chevalier, Vicomte de Prouvay, Magny & autres lieux ; François Annibal du Maire Chevalier, Seigneur de Bambisson, Lavergny & autres lieux ; Pierre Vicomte de Marles Chevalier, Seigneur de Coucy, Veslu, Sainte Preuve & autres lieux : André de Vassault Chevalier, Seigneur de Parfondru & autres lieux, tous Gentilshommes & Seigneurs de Paroisses situées au Diocese de Laon, demandeurs en Requête par eux presentée à la Cour le 2. Décembre 1698. tendante à ce qu'il plût à la Cour les recevoir Parties intervenantes en la Cause, d'entre ledit Sieur Lienard & ledit Sieur de Landifay : qu'Acte leur soit donné de ce que pour causes & moyens d'intervention ils employent le contenu en leur Requête, & ce qu'il plaira à la Cour supléer de droit ; Ce faisant, les maintenir & garder, ensemble leurs femmes & enfans dans la possession immemoriale en laquelle ils sont, de joüir par préférence aux Magisters non Clercs tonsurez de leur Diocese, & tous autres Laïcs, des droits honorifiques de leurs Eglises, & notamment de l'Aspersion de l'Eau-Benîte, du Pain-Beni, & baisement de la Paix, par distinction, & des autres droits ordinaires & accoûtumez : Faire défenses aux Curez de leurs Paroisſes, & tous autres, même au Syndic du Dioceſe de Laon, de les y troubler, ſur telles peines qu'il plaira à la Cour; & que l'Arreſt qui interviendra ſera lû, publié & affiché par tout où beſoin ſera; & ſignifié, tant aux Curez des Paroiſſes, qu'aux Magiſters & autres perſonnes portans Surplis ſans Ordre ni Tonſure, & en cas de conteſtation, condamner ledit Syndic aux dépens, d'une part: Et ledit Sieur Lienard, & ledit Charles de Brodart, défendeurs, d'autre: Et entre M. Charles du Fay Chevalier, Seigneur de Puiſieux-Belonfay, ſaint Germain & autres lieux, Capitaine au Regiment de Tiange: Anne-Claude de Flavigni, Seigneur, Vicomte de Renanſard les Fontaines, Aubelle, Ribauville, Taiſſir le Baillif, Longas, Avennes & autres lieux: Charles-François de Nous, Seigneur de Briſſay, Longue-aveline & autres lieux: Jean de Marquerelle, Chevalier, Capitaine de Cavalerie au Regiment de Barentin, Seigneur de Plaineſelve & autres lieux: François d'Augnis Chevalier, Seigneur d'Augnis, Grand-Bailly de Soiſſons: de Tillet, auſſi Chevalier, Seigneur de Bambuiſſon & Lavergny: Robert de Foucault Chevalier, Seigneur de Luilly & autres lieux: Céſar d'Amerval Chevalier, Seigneur de Richemont & autres lieux; auſſi Gentilshommes & Seigneurs de Paroiſſes audit Dioceſe de Laon, demandeurs en Requête par eux preſentée à la Cour le 16. Janvier 1699. tendante à ce qu'il plût à la Cour les recevoir Parties intervenantes en la Cauſe d'entre leſdits Sieurs Liénart, Landifay & autres intervenans: Leur donner Acte de ce que pour cauſes & moyens d'intervention, ils employent le contenu en ladite Requête, avec ce qu'il plaira à la Cour ſupléer de droit: Ce faiſant, les maintenir & garder, enſemble leurs femmes & enfans en la poſſeſſion immemoriale en laquelle ils ſont, tant par eux que par leurs auteurs, de joüir par préférence aux Magiſters non Clercs tonſurez de leur Dioceſe, & tous autres Laïcs, des honneurs de leurs Egliſes, & notamment de l'Aſperſion de l'Eau-Benîte, du Pain-Beni, du baiſement de la Patene & de la Paix, par diſtinction, & des autres droits & honneurs de l'Egliſe ordinaires & accoûtumez: Faire défenſes aux Curez de leurs Paroiſſes & à tous autres, même audit Syndic du Dioceſe de Laon de les y troubler, ſur telles peines qu'il plaira à la Cour: Ordonner que l'Arreſt qui interviendra ſera lû, publié & affiché par tout où besoin sera, & signifié, tant aux Curez des Paroisses, qu'aux Magisters & autres personnes portans Surplis sans Ordre ni Tonsure; & en cas de contestation, condamner ledit Syndic du Diocése, d'une part; & ledit Sieur Lienart défendeur, d'autre. Et entre lesdits Sieurs de Miremont, & autres ci-devant nommez, demandeurs en deux Requêtes par eux presentées à la Cour le 21. dudit mois de Janvier, & 3. du present mois de Février; la premiere tendante à ce qu'il plût à la Cour en venant plaider sur lesdites interventions & demandes, ils soient reçûs apellans entant que besoin seroit, comme d'abus de l'Ordonnance de Monsieur l'Evêque de Laon, du 20. Avril 1698. Faisant droit sur l'apel, dire qu'il y a abus dans l'obtention & publication de ladite Ordonnance, en ce qu'elle ordonne que les honneurs de l'Eglise seront donnez aux Laïcs & Magisters des Villages qui ne sont Clercs tonsurez avant lesdits de Miremont & autres: Ce faisant, les maintenir & garder dans la possession immemoriale en laquelle ils sont, tant par eux que par leurs auteurs, de joüir, ensemble leurs femmes & enfans, des honneurs de leurs Eglises préférablement aux Magisters, gens mariez & non tonsurez, soit qu'ils soient revêtus du Surplis ou non: Faire défenses audit Sieur Evêque de Laon, & audit Syndic dudit Diocése, & à tous autres, de les troubler dans lesdits droits: Enjoindre aux Curez de leur donner par distinction lesdits honneurs par préférence ausdits Magisters non tonsurez, sous telles peines & amendes qu'il plaira à la Cour d'arbitrer, & de tous dépens, dommages & interêts; & que l'Arrest qui interviendroit seroit lû, publié & affiché dans toutes les Paroisses dudit Diocese, & ledit Syndic condamné aux dépens. Et la seconde tendante à ce qu'il plût à la Cour leur donner Acte du desaveu par eux formé au Greffe, des Requêtes données sous leurs noms les 2. Décembre, 16. & 21. Janvier dernier, & en conséquence les recevant Parties intervenantes en l'Instance, dont est question, qu'Acte leur soit donné, de ce qu'ils n'ont jamais entendu directement ni indirectement empêcher l'execution de l'Edit du 14. May 1695. auquel ils font gloire de se soûmettre: Ce faisant, qu'ils soient reçûs apellans comme d'abus de l'Ordonnance dudit Sieur Evêque de Laon: Faisant droit sur ledit apel, ordonner que les termes injurieux à la Noblesse du Diocese de Laon, seront suprimez de ladite Ordonnance, & de la Requête du Syndic : Ce faisant, les maintenir & garder dans la possession d'avoir les honneurs de l'Eglise comme Seigneurs de Paroisses, à l'exclusion de tous Laïcs qui ne seront point actuellement vêtus de Surplis ou Chappes, & en cet état aidant au Service Divin, & condamner ledit Syndic aux dépens, d'une part : Et ledit M. Jean Lienart Syndic du Clergé du Diocese de Laon, défendeur & intimé, d'autre. Aprés que le Barbier Avocat dudit Lienart, & de Lombreüil Avocat desdits de Brodard & autres ont été oüis, ensemble d'Aguesseau pour le Procureur General du Roy. LA COUR donne Acte de la déclaration faite par les Parties de Lombreüil, qu'ils ne prétendent pas empêcher que les Laïcs servans au Service Divin, & pendant qu'ils sont revêtus des Ornemens Ecclesiastiques, joüissent préférablement à eux, & tous autres Laïcs, des honneurs de l'Eglise : & entant que touche l'apel comme d'abus, Dit qu'il n'y a abus, & sur les autres demandes & Requêtes respectives des Parties, les met hors de Cour & de Procés ; condamne les apellans en l'amende ordinaire, tous dépens compensez. FAIT en Parlement le 3. Février 1699. Collationné. Signé, DU TILLET.

DECLARATION DU ROY,

CONCERNANT les Portions Congruës des Curez ou Vicaires Perpetuels, & les Rétributions de leurs Vicaires.

Du 29. Janvier 1686.

LOUIS par la grace de Dieu Roy de France & de Navarre : A tous ceux qui ces presentes Lettres verront, Salut. Le feu Roy nôtre trés-honoré Seigneur & Pere, de glorieuse memoire, ayant fait différentes Déclarations touchant les Portions Congruës, que ceux à qui les grosses Dîmes apartiennent, sont obligez de payer aux Curez ou Vicaires Perpetuels, Nous avons confirmé par nôtre Déclaration du mois de Mars 1666. celle du 18. Décembre 1634. & fixé ces Portions Congruës à la somme de deux cens livres, pour les Curez ou Vicaires Perpetuels des Paroisses situées dans les Provinces au deçà de la Riviere de Loire, & dans lesquelles il n'y a point de Vicaires, & à la somme de trois cens livres pour celles où il est necessaire d'en avoir: & comme Nous avons été informez, que ces Prêtres ne pouvant subsister d'un revenu si médiocre, les Cures sont abandonnées ou remplies par des Ecclesiastiques peu capables d'en soûtenir les obligations, Nous avons estimé d'autant plus necessaire d'y pourvoir, que plusieurs de nos Sujets étant rentrez dans l'Eglise, par la benediction qu'il a plû à Dieu de donner à nos soins, les Cures de ces Paroisses se trouvent chargées d'un Troupeau beaucoup plus nombreux, & qui a encore plus grand besoin de recevoir de bons exemples, & une bonne doctrine des Pasteurs qui sont établis pour sa conduite. A CES CAUSES, & autres considérations à ce Nous mouvans, aprés avoir fait mettre cette affaire en déliberation en nôtre Conseil; de l'avis d'icelui, de nôtre certaine science, pleine puissance & autorité Royale: Avons dit, déclaré & ordonné, disons, déclarons & ordonnons par ces Presentes signées de nôtre main, Voulons & Nous plaît, que les Portions Congruës que les Décimateurs sont obligez de payer aux Curez & aux Vicaires Perpetuels, demeurent à l'avenir fixées dans toute l'étenduë de nôtre Royaume, Terres & Païs de nôtre obéïssance, à la somme de trois cens livres par chacun an, & ce outre les Offrandes, les Honoraires & droits casuels que l'on paye, tant pour les Fondations que pour d'autres causes: Ensemble les Dîmes Novales sur les terres qui seront défrichées depuis que lesdits Curez ou Vicaires Perpetuels auront fait l'option de la Portion Congruë, au lieu du revenu de leur Cure ou Vicaire, en conséquence de nôtre presente Déclaration. Voulons que dans les Paroisses où il y a presentement des Vicaires, ou dans lesquelles les Archevêques ou Evêques estimeront necessaire d'en établir un ou plusieurs, il soit payé la somme de cent cinquante livres pour chacun desdits Vicaires. Ordonnons que ces sommes destinées pour la subsistance des Curez ou Vicaires Perpetuels, ou de leurs Vicaires, seront payées franches & exemptes de toutes charges par ceux à qui les Dîmes Ecclesiastiques apartiennent; & si elles ne sont point suffisantes, par ceux qui ont les Dîmes infeodées; & que dans les lieux où il y a plusieurs Décimateurs, ils y contribuent chacun à proportion de ce qu'ils possédent de Dîmes. Enjoignons ausdits Décimateurs d'en faire le régalement entr'eux dans trois mois, aprés la publication de nôtre presente Déclaration, dans nos Bailliages, Senéchaussées & autres Sieges, dans l'étenduë desquels ils perçoivent les Dîmes. Voulons qu'aprés ledit tems de trois mois, & jusqu'à ce que ledit régalement ait été fait, chacun desdits Décimateurs puisse être contraint solidairement au payement desdites sommes, en vertu d'une Ordonnance qui sera décernée par nos Juges sur une simple Requête presentée par les Curez ou Vicaires Perpetuels, contenant leur option de ladite Portion Congruë, sans qu'il soit besoin d'y joindre d'autres Pieces que l'Acte de ladite option signifié ausdits Décimateurs; & seront les Ordonnances de nos Juges renduës sur ce sujet, executées par provision, nonobstant opositions ou apellations quelconques. Ordonnons que les Cures ou Vicairies Perpetuelles qui vâqueront ci-aprés par la mort des Titulaires, ou par les autres voyes de droit, & celles dont les Titulaires se trouveront interdits, seront desservies durant ce tems par des Prêtres que les Archevêques & autres qui peuvent être en droit & possession d'y pourvoir, commettront pour cet effet, & qu'ils seront payez par préférence sur tous les fruits & revenus desdites Cures ou Vicairies Perpetuelles, de la somme de trois cens livres, à l'égard de ceux qui feront les fonctions de Curez; & de celle de cent cinquante livres à l'égard des Prêtres qui seront commis pour leur aider comme Vicaires. Voulons que toutes les contestations qui pouroient survenir pour l'execution de nôtre presente Déclaration, soient portées en premiere instance pardevant nos Baillifs & Senéchaux; & en cas d'apel, en nos Cours de Parlement. SI DONNONS EN MANDEMENT à nos amez & feaux Conseillers les Gens tenans nôtre Cour de Parlement de Paris, que ces Presentes ils fassent lire, publier & registrer, & le contenu en icelles garder & observer selon sa forme & teneur, cessans & faisant cesser tous troubles & empêchemens, nonobstant toutes Ordonnances, Déclarations, Arrêts, Réglemens, & autres choses à ce contraires; ausquels Nous avons dérogé & dérogeons par ces Presentes: CAR tel est nôtre plaisir. En témoin dequoi Nous avons fait mettre nôtre Scel à ces Presentes. DONNÉ à Versailles le 29. Janvier, l'an de grace 1686. Et de nôtre Régne le quarante-troisiéme. Signé, LOUIS. *Et sur le repli*, Par le Roy, COLBERT. Et scellé du grand Sceau de cire jaune.

Registrées, oüi, & ce requerant le Procureur General du Roy, pour être executées selon leur forme & teneur, & Copies collationnées envoyées aux Bailliages & Senéchaussées du Ressort, pour y être pareillement registrées: Enjoint aux Substituts du Procureur General du Roy d'y tenir la main, & d'en certifier la Cour dans trois mois. A Paris en Parlement, le 9. jour de Février 1686. Signé, JACQUES.

DECLARATION DU ROY,

POUR faire établir des Curez ou Vicaires Perpetuels en Titre dans les Paroisses qui sont desservies par des Prêtres amovibles.

Du 29. Janvier 1686.

LOUIS par la grace de Dieu Roy de France & de Navarre: A tous ceux qui ces presentes Lettres verront, Salut. La bonté de Dieu ayant fait rentrer dans le sein de l'Eglise Catholique, Apostolique & Romaine, plusieurs de nos Sujets qui en étoient malheureusement separez, Nous sommes encore plus obligez d'employer nôtre autorité pour procurer que les Curez qui ont soin de la conduite spirituelle de nos Sujets, soient dignes par leurs mœurs & par leur doctrine de s'acquiter d'un Ministere si saint & si important. Et comme Nous avons été informez que dans quelques-unes des Provinces de nôtre Royaume, dans lesquelles il y a un grand nombre de nos Sujets convertis depuis peu de tems, plusieurs Curez primitifs & autres à qui la Collation des Cures & des Vicairies Perpetuelles apartient, commettent des Prêtres pour les desservir pendant le tems qu'ils jugent à propos de les y employer avec une rétribution trés-mediocre; Nous avons estimé necessaire de remedier à un abus condamné tant de fois par les saints Canons, & qui empêche les Ecclesiastiques qui seroient capables de s'acquiter utilement de ces emplois, de les pouvoir accepter. A CES CAUSES, & autres considérations à ce Nous mouvans, aprés avoir fait mettre cette affaire en déliberation en nôtre Conseil, de l'avis d'icelui & de nôtre certaine science, pleine puissance & autorité Royale; Avons dit, déclaré, disons, déclarons & ordonnons par ces Presentes signées de nôtre main, Voulons & Nous plaît, que les Cures qui sont unies à des Chapitres ou autres Communautez Ecclesiastiques, & celles où il y a des Curez primitifs, soient desservies par des Curez ou des Vicaires Perpetuels qui seront pourvûs en Titre, sans que l'on y puisse mettre à l'avenir des Prêtres amovibles, sous quelque prétexte que ce puisse être. Enjoignons à ceux qui en ont

ont commis, de presenter aux Ordinaires des lieux dans trois mois, aprés la publication de nôtre presente Déclaration, des Prêtres capables d'être pourvûs en Titre & durant leur vie desdites Cures ou Vicairies perpetuelles; & à faute de ce faire, Ordonnons qu'il y sera pourvû par les Archevêques & Evêques chacun dans leur Diocése, de personnes qu'ils en estimeront dignes par leur probité & par leur suffisance. SI DONNONS EN MANDEMENT à nos amez & feaux Conseillers les Gens tenans nôtre Cour de Parlement de Paris, que ces Presentes ils fassent lire, publier & registrer, & le contenu en icelles observer, nonobstant toutes Déclarations à ce contraires, que Nous avons révoqué & révoquons par ces Presentes, abrogeant tous Arrêts, Réglemens, Transactions & Coûtumes qui se trouveront contraires à nôtre presente Déclaration. CAR tel est nôtre plaisir. En témoin dequoi Nous avons fait mettre nôtre Scel à cesdites Presentes. DONNE' à Versailles le 29. jour de Janvier, l'an de grace 1686. Et de nôtre Régne le quarante-troisiéme. Signé, LOUIS. *Et sur le repli*, Par le Roy, COLBERT. Et scellées du grand Sceau de cire jaune.

Registrées, oüi le Procureur General du Roy, pour être executées selon leur forme & teneur, & Copies collationnées envoyées aux Bailliages & Senéchaussées du Ressort, pour y être pareillement registrées: Enjoint aux Substituts du Procureur General du Roy d'y tenir la main, & d'en certifier la Cour dans trois mois. A Paris en Parlement, le neuviéme jour de Février 1686. Signé, JACQUES.

DECLARATION DU ROY,

CONCERNANT les Portions Congruës des Curez ou Vicaires perpetuels.

Du 30. Juin 1690.

LOUIS par la grace de Dieu Roy de France & de Navarre: A tous ceux qui ces presentes Lettres verront, Salut. Ayant pour les causes & considerations portées par nôtre Déclaration du mois de Janvier 1686. ordonné que les Curez & Vicaires perpetuels seroient payez par chacun an, de la somme de trois cens livres de Portion Congruë par ceux qui joüissent des grosses Dîmes, il Nous a été representé par les Archevêques, Evêques, & autres Ecclesiastiques representans le Clergé de France, assemblez par nôtre permission à S. Germain en Laye, qu'en execution de nôtredite Déclaration, lesdits Curez ont prétendu pouvoir abandonner aux gros Décimateurs, les fonds, domaines, & autres portions de Dîmes qu'ils possedoient, & les obliger au moyen de cet abandonnement, de leur payer en argent la somme de 300 livres, quoique lesdits fonds, domaines & portions de Dîmes soient plus à la bienséance & commodité desdits Curez, qui peuvent mieux les faire valoir que les gros Décimateurs, lesquels souvent n'ayant aucuns autres fonds & domaines esdits lieux, ils leur seroient à charge sans en pouvoir tirer aucun profit. Il Nous a été aussi representé, que lesdits Curez qui joüissent de la Portion Congruë, se prétendent exempts d'être imposez aux Décimes, & de contribuer aux autres charges du Clergé dont ils font partie, & qu'ils joüissent de tous les Privileges d'icelui. Et comme plusieurs Curez & Vicaires perpetuels Nous ont aussi fait plainte, qu'ils étoient troublez dans la perception des Offrandes, Oblations, & autres droits casuels par les Curez primitifs, ayant été informé que pour raison de toutes lesdites prétentions, il y a plusieurs Procés intentez pardevant nos Cours & Juges, & voulant y pourvoir, pour empêcher la suite desdits Procés, qui pouroient causer beaucoup de frais, & détourner les Curez de l'assiduité qu'ils doivent à leurs Paroisses, pour y continuer leurs fonctions si necessaires à l'édification & au salut de nos Sujets, & à les confirmer dans l'exercice de la seule & veritable Religion. A CES CAUSES, & autres bonnes considerations à ce Nous mouvans, de nôtre certaine science, pleine puissance & autorité Royale, Nous avons dit, déclaré & ordonné, disons, déclarons & ordonnons par ces Presentes signées de nôtre main, Voulons & Nous plaît, que suivant nôtredite Déclaration du mois de Janvier 1686. les Curez & Vicaires perpetuels joüissent de la Portion Congruë de 300 livres par chacun an, qui seront payées par les gros Décimateurs, si mieux ils n'aiment leur abandonner toutes les Dîmes qu'ils perçoivent dans lesdites Paroisses, auquel cas ils seront & demeureront déchargez desdites Portions Congruës, sur laquelle somme de

300 livres lesdits Curez & Vicaires perpetuels seront tenus de payer par chacun an à l'avenir, leur part des Décimes qui seront imposées sur les Beneficiers de nôtre Royaume, à commencer seulement au premier Département qui en sera fait par les Députez des Chambres Ecclesiastiques, laquelle part des Décimes sera imposée moderément sur lesdits Curez & Vicaires perpetuels, dont Nous chargeons l'honneur & la conscience desdits Députez; & jusqu'à ce que par Nous en ait été autrement ordonné, sans que ladite part & portion puisse exceder la somme de cinquante livres pour les Décimes ordinaires & extraordinaires, dons gratuits, & pour toutes autres sommes qui pouroient être imposées à l'avenir sur le Clergé, sous quelque prétexte que ce puisse être, dont Nous avons dés à present, & pour lors déchargé & déchargeons par ces Presentes lesdits Curez & Vicaires perpetuels : Voulons aussi que pour faciliter le payement des 300 livres de Portions Congruës, lesdits Curez & Vicaires perpetuels soient tenus de garder & de continuer la joüissance des fonds, domaines & portions des Dîmes qu'ils possedoient lors de nôtre Déclararion du mois de Janvier 1686. en déduction de ladite somme de 300 livres, suivant l'estimation qui en sera faite à l'amiable entre les gros Décimateurs & les Curez & Vicaires perpetuels, suivant la commune valeur, quinzaine aprés l'option desdits Curez; & s'ils ne se peuvent accommoder, l'estimation en sera faite aux frais des gros Décimateurs, sans répetition contre lesdits Curez & Vicaires perpetuels, par Experts, dont les Parties conviendront, & à faute d'en convenir, ils seront nommez d'Office par nos Juges du Ressort, à qui la connoissance est attribuée par nôtredite Déclaration; & jusques à ce que l'estimation soit faite à l'amiable, consentie par les Parties, ou ordonnée, soit en premiere Instance, ou par apel, les gros Décimateurs seront tenus de payer en argent les 300 livres. Ordonnons qu'aprés ladite estimation faite, en cas que les fonds, domaines & portions de Dîmes ne soient suffisantes pour compenser le revenu desdites 300 livres, le surplus soit payé en argent par les gros Décimateurs de quartier en quartier & par avance, sauf aprés que l'estimation aura été faite, la somme à laquelle poura par chacun an monter le revenu desdits fonds, domaines & portions de Dîmes pendant la joüissance qu'en auront continué lesdits Curez, leur sera déduite sur le suplément en

argent que les gros Décimateurs auront à payer. Voulons pareillement que lesdits Curez & Vicaires perpetuels joüissent à l'avenir de toutes les Oblations & Offrandes, tant en cire ou en argent, & autres rétributions qui composent le casuel de l'Eglise ; ensemble des fonds chargez d'Obits & Fondations pour le Service Divin, sans aucune diminution de leurs Portions Congruës, & ce nonobstant toutes Transactions, Abonnemens, Possessions, Sentences & Arrêts, ausquels Nous défendons à nos Cours & Juges d'avoir aucun égard ; Pouront neanmoins lesdits Curez primitifs, s'ils ont titre ou possession valable, continuer de faire le Service Divin aux quatre Fêtes solemnelles, & le jour du Patron ; ausquels jours seulement, lorsqu'ils feront actuellement le Service, & non autrement, ils pouront percevoir la moitié des Oblations & Offrandes, tant en argent qu'en cire, & l'autre moitié demeurera au Curé ou Vicaire perpetuel : Et sera au surplus nôtre Déclaration du mois de Janvier 1686. executée selon sa forme & teneur, en ce qui n'y est dérogé par ces Presentes. SI DONNONS EN MANDEMENT à nos amez & feaux Conseillers les Gens tenans nôtre Cour de Parlement à Paris, Baillifs, Senéchaux, & tous autres nos Justiciers & Officiers qu'il apartiendra, que ces Presentes ils fassent lire, publier & registrer, & le contenu en icelles garder & observer de point en point, selon leur forme & teneur, cessant & faisant cesser tous troubles & empêchemens, & autres choses à ce contraires, ausquelles Nous avons dérogé & dérogeons par ces Presentes : CAR tel est nôtre plaisir. En témoin dequoi Nous avons fait mettre nôtre Scel à ces Presentes. DONNÉ à Versailles le trentiéme jour de Juin, l'an de grace mil six cens quatre-vingt-dix ; Et de nôtre Régne le quarante-huitiéme. Signé, LOUIS. *Et sur le repli*, Par le Roy, COLBERT. Et scellé du grand Sceau de cire jaune.

Registrées, ouy, & ce requerant le Procureur General du Roy, pour être executées selon leur forme & teneur, & Copies collationnées envoyées dans les Sieges, Bailliages & Senéchaussées du Ressort, pour y être lûës, publiées & enregistrées. Enjoint aux Substituts du Procureur General du Roy, d'y tenir la main, & d'en certifier la Cour dans un mois, suivant l'Arrest de ce jour. A Paris en Parlement, le dix-neuviéme jour de Juillet mil six cens quatre-vingt-dix. Signé, DU TILLET.

EXTRAIT DES ARRESTS

Rendus en execution des Déclarations de 1686. & 1690. ſur les Portions Congruës.

ARREST du Grand Conſeil du Roy, du 20. May 1686. qui maintient Dom Claude de Belloy, Prieur Titulaire du Prieuré de S. Julien de Sezanne, Ordre de Cluny, & Dom Jean Marin Prieur de Beaufort, Sacriſtain Titulaire dudit Prieuré, en leur ancienne poſſeſſion de percevoir les Offrandes, Oblations & Luminaires, comme auparavant la Déclaration du 29. Janvier dernier ſur les Portions Congruës; Contre Maître Antoine Collot Prêtre, Curé ou Vicaire perpetuel de la Paroiſſe S. Denis de la Ville de Sezanne.

Arreſt du Conſeil d'Etat, du 22. Juillet 1686. rendu en faveur des Chanoines Réguliers de la Congregation de France, qui excepte de la Déclaration du 29. Janvier dernier pour les Portions Congruës, les Cures unies aux Manſes de leurs Benefices.

Arreſt du Grand Conſeil; du 11. Février 1687. qui déclare Maître Loüis Danſe Prêtre, Curé ou Vicaire perpetuel de S. Ayoul de Provins, non recevable à demander Portion Congruë; maintient Dom Richard Bague, Religieux de la Congregation de S. Vannes, Prieur d'Auvilliers, & Treſorier du Prieuré de Saint Ayoul, en la poſſeſſion & joüiſſance de prendre & percevoir la moitié des Cires, Oblations, droit d'indemnité, & autres droits de la Cure.

Arreſt du Conſeil Privé, du 24. Mars 1687. par lequel le Roy ayant égard à la Requête de Claude Philbert Portier Prêtre, Curé de l'Egliſe Paroiſſiale de S. Laurent du Bellay, & de S. Michel de Brenôt ſon Annexe, ſans s'arrêter à l'Arreſt du Parlement de Dijon du 13. Aouſt 1686. que Sa Majeſté a caſſé & annullé, a renvoyé & renvoye les Parties au Parlement de Mets, pour y proceder ſur l'apel d'une Ordonnance du Lieutenant au Bailliage de Bugey, du 25. Mars audit an.

Arreſt du Parlement, du 5. May 1687. qui maintient les Abeſſe, Religieuſes, Prieure & Convent de l'Abaye de Nôtre-Dame aux Nonains de la Ville de Troyes, en leur ancienne poſſeſſion de percevoir les Offrandes, Oblations & Luminaires, comme avant la Déclaration du 29. Janvier 1686. contre Maître Jacques Langlois Prêtre, Curé de l'Egliſe Paroiſſiale de S. Jacques de ladite Ville.

Arreſt du Conſeil, du 7. May 1687. en faveur des Commandeurs & Chevaliers de l'Ordre de Malthe, qui ordonne que la Déclaration du 29. Janvier 1686. pour les Portions Congruës, n'aura point de lieu à l'égard des Cures dépendantes de leur Ordre.

Arreſt du Conſeil Privé, du 16. Juillet 1687. qui ordonne, conformément à la Déclaration du 29. Janvier 1686. que Maître Loüis Droüillard, Sacriſtain & Vicaire perpetuel de la Paroiſſe de S. Surin de Bordeaux, auquel il fait défenſes de prendre la qualité de Curé, ſera payé par le Chapitre de Bordeaux, de quartier en quartier, & par avance de la ſomme de trois cens livres de Portion Congruë, & ſes trois Vicaires de cent cinquante livres chacun.

Arreſt du Parlement, du 4. Aouſt 1687. qui ordonne que Maître Loüis Couronneau Prêtre, Curé de S. Claude de Diray, ſera payé par le Chapitre de Tours gros Décimateur de ladite Paroiſſe, de la ſomme de trois cens livres de Portion Congruë, en précomptant les fonds dont il joüit, qui ſeront eſtimez aux frais dudit Chapitre.

Arreſt du Conſeil, & Lettres Patentes ſur icelui, des 12. & 13. Aouſt 1687. qui ordonne que les conteſtations qui ſurviendront pour l'execution de la Déclaration du 29. Janvier 1686. dans leſquelles les Ordres Religieux, les Communautez & les Particuliers qui ont leur évocation au Grand Conſeil, ſe trouvent Parties, ſeront portez en premiere Inſtance pardevant les Baillifs & Senéchaux ordinaires des lieux; & en cas d'apel en ſon Grand Conſeil, auquel entant que beſoin eſt ou ſeroit, Sa Majeſté en a attribué toute Cour, Juriſdiction & connoiſſance, à la charge de juger conformément à ladite Déclaration; & que les Sentences renduës par les Baillifs & Senéchaux au profit des Curez, pour le payement de leurs Portions Congruës, ſeront executoires par proviſion, nonobſtant opoſitions, & ſans préjudice.

Arrest du Conseil Privé, du 8. Octobre 1687. qui ordonne conformément à la Déclaration du 29. Janvier 1686. que Maître Loüis Boucard Prêtre, Bachelier, Vicaire perpetuel de l'Eglise Paroissiale de Nôtre-Dame de Semur en Auxois, sera payé de la somme de trois cens livres par avance, par Frere Philipes de Badier, Prieur dudit Prieuré.

Arrest du Parlement, du 12. Decembre 1687. qui ordonne que M. Blaise Tailhandier Prêtre, Vicaire perpetuel de S. André de Mirefleur, sera payé de la Portion Congruë de trois cens livres par Messire Henry Achilles de la Rochefoucault, Abé de Marsillac, Fontfroide, de la Chaise-Dieu, & Prieur dudit S. André de Mirefleur, en déduisant les domaines & revenus de la Cure, & en consequence qu'ils demeureront audit Tailhandier sur ladite Portion Congruë, suivant l'estimation qui en sera faite aux frais dudit Sr Abé de Marsillac; & que le Juge fera aussi distinction des domaines & revenus que le Curé seroit tenu d'abandonner aux termes de la Déclaration, qui doivent être compris dans ladite estimation; à l'éfet dequoi les Titres lui seront mis és mains, & à la charge par ledit Sr Abé de Marsillac, de supléer à ce qui défaudra des trois cens livres aprés ladite estimation faite.

Arrest du Parlement, du 30. Avril 1688. qui ordonne qu'en consequence de l'abandonnement fait par Maître François Boüillis Prêtre, Curé de Rigny, de toutes les Dîmes grosses, menuës & vertes, mêmes des Novales qu'il possede dans ladite Paroisse, il sera payé par les Religieux de Vauluisant, Ordre de Cîteaux, de la somme de trois cens livres par chacun an pour sa Portion Congruë, & de celle de cent cinquante livres pour la rétribution de son Vicaire, outre les fondations & legs.

Arrest du Parlement, du 15. May 1688. qui condamne les Chantre, Chanoines & Chapitre de l'Eglise Royale & Collegiale de S. Maur des Fossez lés-Paris, à payer à Me Germain Dupuy Prêtre, Curé de la Paroisse de S. Clement de Châtres, la somme de trois cens livres par chacun an, à compter du jour de son option, outre les Offrandes, cires, honoraires & droits casuels qui se payent dans l'Eglise Paroissiale de Châtres, tant pour fondations que pour autres causes, outre les Dîmes & Novales sur les terres qui ont été défrichées depuis ladite option, & qui le seront à l'avenir: condamne en outre lesdits Chanoines à payer audit Dupuy cent cinquante livres pour son Vicaire, & continuer à l'avenir ; le tout franc & quitte de toutes Décimes.

Arrest du Parlement, du premier Juin 1688. qui condamne les Chanoines & Chapitre de l'Eglise Collegiale de S. Pierre le Puellier de la Ville de Bourges, à payer à Maître François Jaquemet Prêtre, Vicaire perpetuel de ladite Eglise, la Portion Congruë, suivant la Déclaration du 29. Janvier 1686.

Arrest du Parlement, du 2. Juillet 1688. qui condamne les Prieur, Chanoines & Chapitre de S. Cir, de la Ville d'Issoudun, de payer à Maître Claude Guenois Prêtre, Vicaire perpetuel de ladite Eglise, la somme de trois cens livres par chacun an, à compter du jour de son option, en ce non compris les Offrandes, Cires, honoraires & droits casuels qui se payent dans ladite Eglise, tant pour fondations que pour autres causes, qui apartiendront audit Guenois, avec les Dîmes Novales sur les terres qui ont été défrichées depuis ladite option, & qui le seront à l'avenir, & outre en cent cinquante livres pour chacun de ses deux Vicaires.

Arrest du Parlement, du 17. Juillet 1688. par lequel la Cour, en consequence de la déclaration de Maître Bernard de Renoüart Prêtre, Curé de Mounisme, qu'il n'y a point de fond à sa Cure, & de son abandonnement fait des Dîmes qui en dépendent ; ordonne qu'il sera payé de la Portion Congruë du jour de l'option, par Maître Joseph Chesne Prêtre, Chanoine du Dorat : Et Damoiselle Loüise Laumosnier, veuve de feu Maître François Chesne, gros Décimateurs de ladite Paroisse de Mounisme, premierement sur toutes les Dîmes Ecclesiastiques si aucunes y a, & sur les Dîmes infeodées.

Arrest du Parlement de Roüen, du 30. Juillet 1688. entre Maître Charles Merlet Sous-Chantre & Chanoine de Vaucelles en l'Eglise Cathedrale de Bayeux, & Rompharе le Cauchois Prêtre, Curé de la Paroisse de Ranchy, qui demandoit cent cinquante livres pour un Vicaire mis depuis la Déclaration, qui renvoye les Parties pardevant l'Evêque de Bayeux, pour connoître de la necessité de mettre un Vicaire en ladite Paroisse.

Arrest du Parlement, du 3. Février 1689. qui condamne les Religieux, Prieur & Convent des Augustins de la Maison-Dieu, & les Prevôt & Chanoines de Montmorillon ; les Prieur, Religieux & Convent des Benedictins Réformez de l'Abaye de S. Savin ; l'Abé &

& Prieur du Prieuré de Grandmont audit Montmorillon ; les Dames Abbesse & Religieuses de la Régle de Limoges, à cause du Prieuré de Condom en l'annexe de Moussac ; les Abbé & Religieux de la Colombe ; & Maître Guillaume Luce Chapelain de S. Michel audit S. Martial, tous Décimateurs Ecclesiastiques, à contribuer chacun pour leur part au payement de la Portion Congruë de Maître Jean le Févre Prieur & Curé primitif de l'Eglise Paroissiale de S. Martial de Montmorillon, & de S. Martin de Moussac son Annexe, tant pour le passé que pour l'avenir.

Arrest du Conseil Privé, du 2. Avril 1689. qui condamne Maître Philippes de Badier, Prieur du Prieuré de Nôtre-Dame de Semur en Auxois, à payer à Maître Loüis Boucard Prêtre, Bachelier, Vicaire Perpetuel de ladite Eglise, la somme de trois cens livres de Portion Congruë.

Arrest du Parlement, du 11. May 1689. qui donne acte aux Sieurs Soret Prêtre, & Bornat aussi Prêtre & Docteur en Theologie de la Maison & Societé de Sorbonne, Curez de l'Eglise Paroissiale de S. Maclou de Pontoise, de la déclaration faite par Maître Pierre Clement Docteur de Sorbonne, Curé de S. Maclou de Roüen, & Prieur de S. Pierre de Pontoise, qu'il abandonne toutes les Dîmes qui sont ou pouront être dans l'étenduë du territoire de la Paroisse de S. Maclou de Pontoise, tant pour le passé que pour l'avenir.

Arrest du Parlement, du 27. Janvier 1690. qui décharge Maître Laurent Bergerat Abbé de S. Vincent de Senlis, & ordonne que le Vicaire amovible de Neüilly-Autel, sera payé de la somme de cent cinquante livres, par Maître Nicolas Choré Prêtre, Curé dudit lieu, sur les revenus de sa Cure.

Arrest du Conseil, du 5. Septembre 1690. sur la Requête des Prevost, Doyen, Chantre, Chanoines & Chapitre de l'Eglise Metropolitaine de Reims, qui ordonne que par le Sieur Archevêque Duc de Reims, & le Sieur de Nointel Intendant de Justice, Police & Finances en Champagne, il sera dressé Procés verbal des revenus, dont joüissent les Sieurs Cloquet, Godebillot, Bocquillon & Bernard, Prêtres, Curez des Eglises S. Pierre, S. Jacques, sainte Marie Magdeleine, & S. Martin de ladite Ville, tant en fonds qu'en casuel ; pour ledit Procés verbal vû & raporté au Conseil, être fait droit aux Parties, ainsi qu'il apartiendra par raison ; & cependant surseoiront toutes poursuites aux Requêtes du Palais; pour raison de ce.

Arrest du Conseil, du 30. Octobre 1690. entre les Doyen, Chanoines & Chapitre de l'Eglise Royale de Nôtre-Dame de Vitry-le-François, Curez primitifs de la Cure de ladite Ville, & le Sieur Duret Prêtre, Chanoine dans ladite Eglise de Vitry, & seul Vicaire Perpetuel dans ladite Ville, qui ordonne la même chose que celui de Reims, énoncé ci-dessus.

Arrest du Conseil Privé, du 27. Février 1692. qui condamne le Chapitre de Bourg en Bresse, à payer la Portion Congruë de Maître Pierre Gallet Prêtre, Vicaire Perpetuel de ladite Eglise, & celles de ses deux Vicaires; nonobstant les offres faites par le Chapitre, de payer annuellement au Vicaire Perpetuel la somme de huit cens livres, en abandonnant par lui son casuel.

Arrest du Conseil Privé, du 27. Mars 1692. qui renvoye au Parlement les Sieurs Clement Prêtre, Docteur de Sorbonne, Grand Vicaire & Official du Sieur Archevêque de Roüen, Prieur de saint Pierre de Pontoise; & les Sieurs Soret Prêtre, & Bornat aussi Prêtre & Docteur de Sorbonne, pour y proceder suivant les derniers erremens, au sujet de leurs Portions Congruës.

Arrest du Parlement, du 26. Aoust 1692. qui condamne les Recteur, Jesuites, Prieurs de S. Maurice de Reims, de payer à Maître Nicolas Charlier Prêtre, Curé dudit S. Maurice, la somme de trois cens livres de Portion Congruë par chacun an, de quartier en quartier, & par avance: Et sur la demande concernant le Vicaire & la Portion Congruë de cent cinquante livres, renvoye les Parties pardevant l'Archevêque de Reims.

Arrest du Parlement, du 11. Mars 1693. qui ordonne que les Doyen, Chanoines & Chapitre de S. André de Bordeaux, contribuëront au payement du total des trois cens livres de Portion Congruë dûë au Vicaire Perpetuel de sainte Croix de Bordeaux, & des cent cinquante livres dûës pour la portion du Vicaire amovible de ladite Paroisse, à proportion des Dîmes qu'ils perçoivent.

Arrest du Conseil d'Etat, du 15. Septembre 1693. qui condamne le Prieur, Curé primitif de Nôtre-Dame de Bar-le-Duc, de payer au Sieur de Rabaumont, Curé de la Paroisse de ladite Ville, trois cens liv. de Portion Congruë, & quatre cens cinquante livres à ses trois Vicaires; & à lui laisser le casuel pour en joüir comme ses Prédecesseurs.

ABREGÉ DU TRAITÉ DES DÎMES.

Ce que c'est que Dîme.

LA Dîme est une partie dûë à Dieu de tous les biens qu'un homme a licitement acquis, suivant le *C. in potestate.* Je dis *licitement acquis*, parce que c'est une espece de larcin de donner à Dieu du bien d'autrui, & prendre à soi ou s'attribuer l'obligation du bienfait. *L. Si pignore ff. de furtis.* Je dis aussi *licitement*, parce que quelques Auteurs ont opiné que la Dîme procédante *ex mercede meretricis* est dûë, neanmoins leur option doit être rejettée, puisqu'il est formellement dit au Deuteronome, *c. 23. Non offeres mercedem prostibuli, nec pretium canis in domo Domini Dei tui, quia abominatio est utrumque apud Dominum Deum tuum.* Je dis encore *une partie*, parce que c'est ordinairement la dixiéme, onziéme ou douziéme, plus ou moins.

Combien de sortes de Dîmes.

Il y en a de trois sortes, Réelles, Personnelles & Mixtes : Les réelles sont les prédiales, ou Dîmes des heritages, ordinairement apellées Dîmes Vertes, desquelles il y en a qui sont apellées Grosses Dîmes. Les autres sont les Dîmes Novales, & les autres Dîmes Infeodées.

Les Grosses Dîmes se levent sur les heritages qui de tems immemorial ont porté fruits, comme Vins, Grains, & autres fruits, & dont on ignore le tems qu'ils ont été défrichez & mis en labour.

Les Novales sont celles qui se levent sur les heritages défrichez depuis quarante ans : Et lorsqu'on les a une fois reconnu pour tels, ils sont toûjours Novales : *Quod enim Novale, semper Novale est.*

Les Dîmes Infeodées, sont celles qui ont été données par le Pape à un Laïc par un privilege special, comme en Fief, dont il doit reconnoissance à l'Eglise où il les leve.

Les Dîmes Personnelles, sont celles que doit un homme de ce qu'il a acquis par son travail, industrie, science, negociation, ou de quelqu'autre acte licite. *Offeretis decimas & primitias manuum vestrarum.* Deuter. 12. En effet, il y a plus de raison qu'un homme paye Dîme de ce qu'il acquiert par le travail de ses mains, comme parties du corps plus nobles, que de ce que la terre lui produit.

Des Dîmes Personnelles, il y en a de spirituelles, comme le Carême entre les Chrêtiens, qui est comme la Dîme des jours de l'année que nous rendons à Dieu. Il y en a de charnage, comme sont les Poulets, Oysons, Canards, Agneaux, Cochons de lait, &c. D'autres ne sont ni spirituelles ni de charnage, comme les Dîmes de Laines, d'Argent, &c.

Quant aux Dîmes des animaux, sont Dîmes Mixtes, autrement apellées prémices, parce qu'ils vivent, & font profit en partie des heritages, & en partie du soin que les personnes en prennent, & de la garde qu'elles en font, sans quoi le profit seroit bien petit, ou du tout nul. *c. Pastoralis, & c. Apostolica de Decimis.*

De quelle maniere le payement des Dîmes a été introduit.

Premierement, par le droit naturel, puisque la raison naturelle nous dit qu'il faut reconnoître Dieu. Abel offroit à Dieu des fruits de la terre, & les premiers nez de son troupeau. *Genes.* 4. Le Sage même nous y exhorte au Proverb. 3. *Honora Dominum de tua substantia, & de primitiis frugum tuarum.* Abraham & Jacob ont payé la Dîme à Melchisedech. *Genes.* 14. & 28. Dieu même commande de les payer : *Decimas & primitias tuas non tardabis reddere.* Exod. 22. *Omnes decimæ terræ sive de pomis arborum. Domini sunt, & illi sanctificantur.* Levit. 27. *Afferemus primogenita terræ & primitiva universi fructus & pecorum nostrorum, sicut scriptum est in lege.* Esdras 2. *Decimam partem separabis de cunctis fructibus tuis qui nascuntur in terra, &c. Decimam frumenti tui & vini & olei, & primogenita de jumentis & ovibus tuis.* Deut. 14. *Væ vobis Scribæ & Pharisæi Hypocritæ, quia decimatis mentham & anethum & cyminum, & reliquisti quæ graviora sunt legis, judicium, misericordiam & fidem : Hoc oportuit facere & illa non omittere.* Matth. 23. *Væ vobis Pharisæi, qui decimatis mentham & rutam, & omne olus, & præteritis judicium & charitatem Dei : Hæc autem oportuit facere, & illa non omittere.* Luc. 11. où il faut peser ce mot, *oportuit*, qui porte une necessité de faire. *S. Aug. in c. ad decimas* 16. *q.* 1. & plusieurs autres Canons de l'Eglise. De sorte que le payement des Dîmes est de droit naturel, divin & Ecclesiastique; mais pour ce qui est de la quotité, tant de la réelle que personnelle, le Coûtumier de chacun lieu l'a prescrit. *Rebuff. q.* 1. *num.* 22. *de decimis. Boyer in decis. Burdegal.* 236.

Pourquoi les Dîmes ont été introduites.

Premierement, en reconnoissance du Domaine universel que Dieu a sur toutes choses : *Domini est terra & plenitudo ejus.* Psal. 23. Et comme les Princes de la terre se réservent des tributs en reconnoissance du domaine special : A plus forte raison Dieu s'est réservé la Dîme en vûë du Domaine universel qu'il a sur toutes choses. *Redde Cæsari quæ sunt Cæsaris, & quæ sunt Dei Deo,* Matth. 23.

En second lieu, pour la nourriture des Prêtres de l'Eglise: *Qui altari servit, debet vivere ex altari.* Malach. 3. *Mercenarius dignus est mercede sua : nemo suis stipendiis militat.* 1. Cor. 9. Et qui plus est, la raison naturelle nous dicte : *Ut qui Deo pro populo ministrat, ab eo alatur :* Aussi Dieu les en a favorisez, comme il est dit, *num.* 18. *Filiis autem Levi dedi omnes Decimas Israëlis in possessionem pro ministerio quo serviunt mihi :* Le tout afin qu'ils puissent avec moins d'inquietude, vâquer à son service, suivant ce qui est écrit, 2. *Paralip.* 13.

En troisiéme lieu, pour la construction, entretenement & conservation des bâtimens de l'Eglise. *Hostiens. in Rub. hujus tit. Joan. And. & alii ibid. Rebuff. q. 2. de Decimis.*

En quatriéme lieu, pour l'hospitalité des pauvres. *Deuteron.* 14.

Enfin Dieu a retenu la Dîme plûtôt qu'une autre partie, parce que ce nombre désigne la perfection, & que sans lui nul bon œuvre n'est commencé ni fait. *Philip. 2. Rebuff. num.* 8.

Qui est-ce qui doit Dîmes?

Toutes personnes doivent Dîmes, à l'exception de ceux qui ont privilege particulier du Pape, comme les Religieux de Cîteaux & autres. Car comme tous étoient obligez de payer le tribut à César, à plus forte raison tous doivent Dîme à Dieu, qui sont les tributs des pauvres, & qui leur sont affectez. Les Evêques mêmes donnent les prédiales au lieu où leurs heritages sont situez. *Innoc. in d. c. 2. eod. tit.* Les Juifs & les Heretiques la doivent, prédiales & autres, puisqu'ils ne sont de meilleure condition que les Chrétiens. *Arg. L. Servius ff. quod vi aut clam.* Car encore qu'ils ne reçoivent les Sacremens, ils s'en doivent imputer la faute, puisque l'Eglise ne ferme son giron à personne : *Nemo enim ex sua improbitate commodum consequi debet.* Leg. *Itaque de furtis.* Du moins un Juif sera tenu de payer l'estimation des Dîmes personnelles, & obligations que l'Eglise eût pû recevoir d'un bon Chrétien qui eût demeuré au lieu où le Juif demeure. *Can. quanto in fin. de usuris.*

Quant aux Chanoines, le c. *In aliquibus, de Decimis*, leur commande de loüer leurs heritages à personnes qui en puissent payer la Dîme sans contredit.

Les pauvres ne sont point exempts de payer la Dîme, parce qu'elle se paye comme une dette, *c. Parachianos, eod. tit.* & en matiere de payement de sa dette, on ne considere la difficulté, *l. continuus ff. illud de verbo oblig.* autrement plusieurs se diroient pauvres pour frauder la Dîme.

Quant aux Religieux de Cîteaux, comme il se prouve par le *c. ex parte primo & licet eod. tit.* sont exempts par privilege de payer la Dîme de leurs terres seulement qu'ils avoient lors du Concile de Latran, & non de celles qu'ils ont aquis depuis, *c. penult. eod. tit.* pource que le Concile a vû qu'ils aquiteroient de grandes possessions, & que leur privilege eût tourné au préjudice notable des Paroisses ; & c'est pour ce sujet qu'il a été restraint à celles qu'ils avoient du tems du Concile.

Ainsi pour s'en exempter, il faut qu'ils prouvent qu'ils possedoient lors du Concile, les heritages qu'ils prétendent exempter, *quia qui se fundat in tempore hoc probare debet, l. cum actum ff. de negot. gest.* Toutefois s'ils n'ont point de Titres pour faire cette preuve, il leur suffit de faire une preuve immemoriale qu'ils en ont été exempts pour rejetter la charge de la preuve contraire. *Rebuff. quæst.* 14. *num.* 42. *de Decim.*

2. Il faut qu'ils labourent par eux-mêmes ou à leur argent, les heritages qu'ils prétendent exempter : car s'ils loüent leursdits heritages, le Fermier doit la Dîme, *c. licet de Decim.* car le privilege personnel ne passe point au Fermier, *c. privileg. de Reg. Jur.* De même s'ils donnent leurs Bestiaux à moitié à nourir aux Laïcs, ils en dévront la Dîme, *Rebuff. q.* 14. *n.* 57. Et quand je parle des Religieux de Cîteaux, j'entens la même chose des autres exempts.

3. L'Ordonnance d'Orleans oblige les exempts de bailler leurs biens à ferme, à l'exception de ce qu'ils pouront labourer par leurs mains, sinon elle les déclare taillables.

Il faut premierement remarquer que la coûtume de ne payer Dîmes par un Laïc, soit prédiales, soit autres, si longue que ce soit, ne vaut & n'excuse de peché, parce qu'elle est contre le droit naturel. Or les choses naturelles sont immuables, §. *sed naturalium instit. de jur. nat.* & contre le droit divin, *c. frustrà* 8. *distinct.* Et de plus, elle n'est raisonnable, *Rebuff. q.* 13. *num.* 40. 41. *&* 42. *de Decim.* où il cite un Arrest de 1516. mêmes si la Terre de Jerusalem étoit aujourd'hui recouvrée par les Chrétiens, ils payeroient la Dîme, comme retournée en son premier état, & le consentement du Pape n'y suffiroit pas, parce qu'il faut une aprobation expresse, *in aliq. in fin. de Decim.*

En second lieu, une coûtume s'aquiert & se fait par le public ; mais la prescription par un particulier, quoique l'on confonde ces deux mots assez souvent.

En troisiéme lieu, le vendeur d'un heritage n'exprimant la charge de payer Dîme, l'acheteur ne laiſſe d'en être chargé ſans eſpoir de garantie. *Groſſ. in c. tua in verb. gener. ſecus*, ſi on ne payoit Dîme par exemption dans la plûpart de la Province, & que l'heritage vendu en fût chargé; car en ce cas le vendeur en doit exprimer la charge. *Rebuff. quæſt.* 14.

En quatriéme lieu, les Religieux exempts de payer Dîmes, s'il en payent une ſeule fois, ſont réputez renoncer à leur privilege, *c. accedentibus, &c.* ſi ce n'eſt qu'ils ayent proteſté en payant. *Bart. in l. non ſolum §. morte ff. de non oper.* pourquoi un pré mis en labour, & puis remis en pré, s'il paye une fois la Dîme, il la doit continuer: *Quia res de facili ad ſuam naturam revertuntur. l. ſi unus §. pactus ff. de pactis.*

En cinquiéme lieu, quiconque a obtenu de ſa Sainteté exemption de payer la Dîme, ce privilege ne s'étend aux Dîmes dont l'Egliſe Paroiſſiale ou le Curé étoit en poſſeſſion, ou autre lors du privilege, *quia in dubio privilegium debet intelligi, ſine tertii præjudicio c. quamvis de reſcript. in 6. Rebuff. quæſt. 13. num.* 114.

Enfin le Pape peut exempter les Laïcs de payer Dîme, non totalement, mais en partie; mais ſi l'on objecte que le Pape ne peut aller pardeſſus le droit divin: Je répons qu'il le peut diſtinguer & modifier. Si l'on replique que les préceptes du Décalogue ſont irremiſſibles, & celui de payer la Dîme doit être tel, comme moral. Je répons que l'honneur qu'on doit rendre à Dieu eſt irremiſſible, conſideré ſeul par le précepte & comme principal; comme au précepte *non habebis Deos alienos*, & comme principal, *honora patrem, &c.* Mais au précepte des Dîmes, il y a double conſideration. La premiere, entant qu'il faut honorer Dieu par le payement de la Dîme, en reconnoiſſance de ſon domaine univerſel; & en ce regard elle ne peut être remiſe totalement, parce que le Pape ne peut faire qu'on n'honore Dieu par cette reconnoiſſance qu'il s'eſt réſervée. La ſeconde conſideration, eſt l'utilité qui revient à l'Egliſe par la Dîme & à ſes Miniſtres; & en ce le Pape, comme Adminiſtrateur general, peut remettre cette commodité en certaines choſes, avec cauſe, & lors il ne fait rien contre le précepte de Dieu, mais ſeulement contre les Conſtitutions de l'Egliſe, moyennant que le Curé puiſſe vivre d'ailleurs.

A qui

A qui la Dîme est dûë.

Le Pape Denys, *in c. Ecclesias* 13. *qu.* 1. a assigné les Dîmes prédiales au Curé de la Paroisse où les heritages sont assis, *c. de fin. Paroch.* de sorte que le Curé est fondé en droit commun, même contre l'Evêque, *ibid. Rebuff. qu.* 9. *n.* 5. & contre tout autre; le Curé n'a besoin de prouver que l'heritage où il demande Dîme est dans les limites de sa Paroisse; & pour la personnelle, qu'il est le Curé, & que celui à qui il demande Dîme est demeurant en sa Paroisse. *Rebuff. ibid. num.* 12. *&c.*

Quant à l'Evêque, la Dîme lui est dûë seulement és cas suivans. 1°. Quand l'heritage qui doit Dîme est situé en la Paroisse de l'Eglise Cathedrale, *c. dudum de Decim. Rebuff. ibid. num.* 7. 2°. Si l'heritage n'étoit assis en la Paroisse d'aucun, *c. quoniam.* Mais ce cas est quasi impossible. 3°. Quand les Paroisses ne sont pas distinguées, parce que tout le Diocése en ce cas est sa Paroisse, *c. omnes Basilicæ* 16. *q.* 7. mais ces cas en France sont impossibles, puisque les Paroisses sont distinguées. 4°. Quand de coûtume il les recüeille, *Gloss. in c. dudum.* 5°. Quand les Dîmes ont été assignées à l'Eglise Cathedrale, & lorsqu'il est fondé en droit commun. 6°. Quand il n'y a point de Curé, comme en certains lieux, s'il n'y avoit pas dequoi vivre, il peut agir pour faire ajuger la Dîme à la Paroisse, *c. ult. in fin. de succ. ab intest.* Hors ces cas la Dîme prédiale apartient au Curé de la Paroisse où l'heritage est assis, si ce n'est qu'il y ait titre ou possession immemoriale du contraire au profit de quelque Abé, Prieur, Religieux, ou de quelqu'autre personne Ecclesiastique. *c. cùm sunt, & c. Apost. de Decim.*

Quant au droit de suite ou de raport de fer, qui consiste en la moitié de la Dîme, au profit du Curé du Laboureur, l'autre étant laissée au Curé de la Paroisse où le fond est assis; s'il y a Coûtume locale, comme en Berry, il faut la suivre, sinon ce droit n'est pas dû, ainsi jugé par Arrest: Tellement que deux Curez voisins prenant raport de fer, sur les terroirs réciproques l'un de l'autre, & terroirs de leurs secours, à l'exception de l'un qui n'étoit en possession de prendre raport sur le terroir du secoürs de son voisin: celui qui n'étoit en possession de prendre sur le secours de l'autre, fut debouté par le même Arrest de la demande qu'il en fit, quoique l'autre le prenoit sur le sien. *Grim.* 2. *l.* 3. *c.* 6. *num.* 4.

Quant aux Novales, qui est une terre réduite en labour depuis quarante ans, & qui de memoire d'homme n'avoit été cultivée, dit Innocent III. Ainsi si auparavant quarante ans, & depuis elle étoit cultivée & portoit des fruits non décimables, & que par aprés on la fit porter Froment, ce ne seroit Novale, parce qu'elle étoit cultivée. *Ita Zabarell. in Clement.* 1. §. *de Decim.* Qui est une fois Novale est toûjours tel. *Greg. IX. in c. de privil. extr. Grim. ibid.*

La Dîme donc d'un Novale apartient au Curé du territoire où le Novale est assis, à l'exclusion de tous autres, soit Ecclesiastiques ou Laïcs : Les Curez mêmes qui ont prescrit de lever la Dîme en une Paroisse qui ne leur apartient, ne peuvent étendre leur possession aux Novales, quand même ledit Novale seroit dans l'enceinte du lieu où il a coûtume de prendre Dîme par la régle ordinaire : *Tantum præscriptum, quantum possessum:* Non plus d'ailleurs, *præscriptio ad futura non extenditur etiam similis ;* & par consequent elle ne s'étend aux Novales ; car la prescription est odieuse, *eò quod juri alterius detrahit ; ideò in præscriptione stricta fieri debet interpretatio. Rebuff. q.* 14. *n.* 9. *de Decim.* C'est aussi une chose odieuse qu'un Curé ou un Monastere aillent lever la Dîme en la Paroisse d'autrui, *c. ad Decimas de restit. spol. in* 6. même les Novales, parce qu'ils sont dûs aux Curez de droit commun, *Rebuff. q.* 14. *n.* 29. *Odia sunt restringenda, favores ampliandi :* Ainsi faut entendre la Decretale d'Innocent III. *in eo ex parte de Decim. & redire ad jus commune & favorabile, Gloss. in c. statutum de Præbend. in* 6. Voyez le *c. cùm contingat ext. de Decim. & ibi Gloss. & Panorm. l. quòd in eo* §. *fin. ff. de acquir. poss. l.* §. *si quis hoc interdicto, de itiner. actu privat.* parce que *sine possessione præscriptio non procedit l. sine possessione ff. de usu cap. & Reg. jur. in* 6.

Remarquez, 1. Que si le Novale se trouve és confins de deux ou trois Paroisses en telle obscurité, qu'on ne puisse juger en laquelle il est ; Rebuffe est d'avis que tel Novale doit être distribué entre les deux ou trois Curez, à raison de la grandeur de leurs confins.

2. Le privilege concedé aux Religieux, de prendre les Dîmes d'un lieu, ne s'étend pas aux Novales, *c. tua in fin. de Decim. &c.* parce que le Novale n'étoit pas lors de la concession du privilege, *ergo nec concessa.* Et quoique par le *c. cum dilecti, de donat.* les privileges du Pape

sint latissime interpretanda ; cela s'entend seulement *quatenus præjudicant concedenti :* mais lorsqu'il y va du préjudice d'un tiers, *tunc sunt restringenda, c. olim de verb. signif.*

3. Que le privilege de ne payer Dîme, n'exempte pas des Novales. *Ant. Burr. ind. c. tua* 1. *col.*

4. Que le privilegié de prendre Dîmes & Novales, ne peut demander que moitié des Novales ; ainsi jugé par Arrest de 1545. raporté par *Rebuff. q.* 14. *n.* 31. conformément au *c. statuto* §. 1. *de Decim. in* 6.

5. Celui qui quitte les Dîmes à lui dûës, quitte les Novales ; *quia in Beneficiis plenissima est interpretatio facienda, quoad concedentis præjudicium.* Et lorsqu'un Curé a loüé ses Dîmes, les Novales n'y sont comprises, si elles ne sont specifiées dans le Bail.

6. L'exemption de payer les Novales par privilege, ne comprend pas les Novales auparavant le privilege, mais seulement ceux qui sont à faire : *Quia tunc grave inferetur præjudicium possessori Novalium, c. Dudum de privil.*

7. Une Eglise contre une Eglise, un Curé dans la Paroisse d'un autre Curé, peut prescrire par quarante ans avec titre & bonne foi : s'il y a titre, il faut un tems immemorial, *c.* 1. *de præscript. in* 6. De même, si l'Evêque demande la Dîme en la Paroisse du Curé, l'Evêque doit prouver la possession de quarante ans ou immemoriale, s'il est sans titre ; le Curé, non comme fondé en droit commun ; mais aprés quarante ans, l'Eglise a encore quatre ans ; aprés quoi, si elle neglige, elle n'est plus reçûë, *c.* 1. *de in integ. restit. in* 6. mais s'il n'y a eu negligence de sa part, elle y sera reçûë, même aprés quarante ans. Il y a Arrest sur ce de 1518. *Rebuff. q.* 13. *n.* 112.

8. Les Terres de la Cure ne doivent Dîmes aux Abez & autres Décimateurs, parce qu'elles n'ont été comprises dans le lot du partage desdits Décimateurs ; ainsi le Fermier du Curé n'en doit point.

9. La Dîme ne doit être demandée, mais offerte ; de sorte que si le Paroissien ne laisse la Dîme sur le champ où la coûtume est telle ; il est en faute & de mauvaise foi, & ne satisfait pas au précepte. On ne peut pourtant pas le faire excommunier sans monition préalable.

10. Par l'Ordonnance de François I. du premier Mars 1545. il est défendu aux Proprietaires d'enlever leurs Grains jusqu'à ce qu'ils soient dîmez ; & pour ce faire, ils sont obligez d'avertir les Décimateurs ou leurs Commis : Et par celle de Charles IX. du 14. Aoust 1568. il leur est commandé de faire publier au Prône le Dimanche précedent qu'ils voudront lier leurs Grains, sinon permis de saisir toute la cueïllette. Et s'il y a oposition, la connoissance de la contestation est attribuée aux Juges Royaux des lieux.

11. L'on peut changer par composition, la façon de dîmer ; & cette nouvelle façon se peut prescrire. *Rebuff. q. 13. n. 102.*

12. Le Curé ne peut empêcher que le Proprietaire ne change sa vigne en terres, la faisant labourer ; au contraire sa terre en vigne, puisqu'il n'a aucune part dans le fond de la terre, mais seulement les fruits sont affectez à la Dîme : Et en ce cas, au lieu de la Dîme du fruit qu'elle portoit, il aura la Dîme du fruit qu'elle portera, s'il est décimable.

13. Si un Religieux ou un Curé externe a prescrit la Dîme de vin seulement, si la vigne est empoüillée en Froment, ils seront privez de la Dîme, parce que *tantum præscriptum, quantum possessum. Anto. in d. c. commissum de Decim.*

14. Si une Maison, de laquelle on payoit cinq sols pour la Dîme personnelle au Curé par composition, vient à être changée en terre labourable, & empoüillée en Froment, ce sera un Novale, & payera la Dîme de Froment entiere au Curé seul, *c. commiss. de Decim.*

15. Un Curé étant mort, ses heritiers prendront les Dîmes autant que le défunt a desservi, à compter du premier jour de Janvier : Et s'il y a long-tems entre la mort & la prise de possession du nouveau Pourvû, la Cour ajuge par ses Arrêts la part des Dîmes de cet interstice à l'Eglise, déduction faite des salaires de celui qui a desservi pendant ce tems.

La Dîme de charnage, comme Cochons, Agneaux, Poulets, Oysons, Canards, &c. sont ajugez au Curé par les nouveaux Arrêts, privativement à tous autres qui en étoient en possession même immemoriale, & nonobstant icelle, comme par forme de récompense & salaires de l'administration des Sacremens, à cause que ce sont Dîmes domestiques qui croissent dans les maisons, par industrie des Paroissiens, & par cette considération sont dûës à celui qui leur administre les Sacremens, & non aux gros Décimateurs, qui n'ont droit de prétendre que les Dîmes prédiales dans les triages de leurs dîmages. Ainsi quand celui qui leur administre les Sacremens ne seroit pas Curé primitif, mais seulement Vicaire perpetuel, lesdites Dîmes de charnage lui apartiennent. Jugé par Arrest de l'an 1650. contre les Religieuses de Montmartre lés Paris, qui ont les droits de Curé primitif, au profit du Curé qui n'est que Vicaire perpetuel.

Quant aux autres Dîmes Personnelles, elles se doivent payer au Curé de domicile du Paroissien, ou autre ayant ce droit par privilege, c'est-à-dire, où est assignée la demeurance de la femme & famille. *Grim. l. 3. c. 5. num.* 2. ou bien où le Paroissien reçoit les Sacremens la plûpart de l'année, *c. statu.* 16. *q.* 1. où le plus souvent *Alexand. III.* en la Decret. *Quæ ad honestatem.* Mais si la moitié de l'an en une Paroisse & moitié en une autre, n'aparoissant pas quelle est la sienne, il faut en ce cas diviser la Dîme Personnelle à moitié : mais s'il a plusieurs domiciles en différentes Paroisses, il faut payer la Dîme au domicile principal ; mais s'il entend la Messe ordinairement en quelque Convent, la Dîme n'apartient pas au Convent, mais au Curé de la Paroisse ; parce que s'il n'y assiste, ce n'est pas la faute du Curé, *l. si in jur. ff. de Reg. jur. &c.* Si la maison est précisément sur les confins de deux Paroisses, la Dîme Personnelle sera partagée entre les deux Curez. *Innoc. & alii in c. super eo de Parcch.* Si l'on doute de quelle Paroisse est la maison, il faut regarder l'assiette de la porte. *Bart. in l. Conclave §. de dam. infect.* S'il y avoit deux portes en icelle, il faut voir celle qui est la principale, & où elle est assise. *Arg. l. cum in diversis, ff. de Relig. & l. quæritur de statu hominum.*

Quant aux Dîmes des Animaux, qu'on met au rang des prédiales, *quia servitus pascendi est prædialis, l. pecoris de servit. rust. præ. & Gloss. in c. ad Apost. de dec.* elles sont dûës au Curé du lieu où les animaux demeurent & paissent, *Gloss. & in verb. pascit. in c.* 1. §. mais s'ils pâturent en une Paroisse en Esté, & durant l'Hyver en l'autre ; ou bien s'ils pâturent en l'une continuellement, & s'hebergent en l'autre, en ce cas la Dîme sera divisée entre les deux Curez, s'il n'y a coûtume au contraire, qui en ce cas sera suivie, & ce à proportion du tems, *Gloss. plenè in d. c. ad Apost. &c.* mais la Dîme des Laines & Agneaux est dûë régulierement au Curé du lieu où ils naissent, selon la plus commune opinion, *Boyer §. de conf. præd. in consuet. Bitur.*

Quant à la qualité, l'on doit bailler pour la Dîme, non le meilleur ni le moindre, mais il faut suivre la coûtume de dîmer de chaque lieu, s'il n'y a point de voisinage plus proche, & tel qu'il puisse vivre sans la mere, *Joan. Andr. ad spec. in verb. speciem. l. si servus decem. in fin. ff. de solut l. cum qui, de ann. legas.*

Quant au jour de dîmer, il faut suivre la coûtume de chaque lieu. A l'égard de la Laine, il n'y a raison de diférer le payement de la Dîme aussi-tôt qu'elle est tonduë.

Remarquez, 1. Que quoique celui qui leve la Dîme soit riche, cela ne doit point empêcher qu'elle ne lui soit payée, & qu'il ne la puisse exiger, puisqu'elles sont données à Dieu pour les Ministres de l'Autel, & pour le soulagement des pauvres, *c. Decim.*

2. Encore qu'il soit méchant, il peut l'exiger, & on ne peut la lui refuser, pour les raisons ci-dessus; même quand il la convertiroit en mauvais usage, parce que lors c'est à son dam seul, & le debiteur autrement ne satisferoit au commandement de Dieu, au contraire y desobéïroit: Et d'ailleurs, ce n'est pas à la personne privée à le châtier par le retranchement de la Dîme; & c'est un attentat à l'autorité de ceux qui ont pouvoir de le châtier.

L'Heresiarque Calvin souscrit même à cette opinion, lorsqu'il dit: *Cæterum quia inter publica vectigalia & tributa, numerandæ sunt decimæ: ea solvere ne recusent privati homines, nisi politicum ordinem & regnorum statum labefactare velint.*

Quant aux Oblations, le peuple est obligé de faire offrande au Curé. 1°. Quand la coûtume est telle, parce que les Laïcs sont obligez d'observer les coûtumes loüables, *c. ad Apost. de Simon.* Et comme on n'osoit aprocher d'un Prophête les mains vuides, comme il est dit 1. *Reg. c. 9.* aussi nul Chrêtien doit venir à l'Eglise sans son offrande, les Fêtes & Dimanches, specialement aux Fêtes solemnelles de l'an: *Omnis Christianus de consecr. distinct.* 1. 2°. Quand le Curé est pauvre, *non enim suis stipendiis militare tenetur*, 1. *Cor. 9.* particulierement s'il n'a point de Dîmes prédiales. 3°. Quand les legs testamentaires les y obligent. *Rebuff. q. 1. n. 24. nulli 12. q. 2. & c. ultima voluntas, & c. qui oblat. q. 2.*

Dequoi faut-il payer la Dîme?

De droit commun, l'on doit la Dîme de tous fruits provenans de la terre, *c. non est c. nuntios, &c.* L'on la doit aussi de tout lucre, licite & honnête. *c. ex transmissa.* Surquoi on doit remarquer qu'encore qu'on peut dire qu'une protestation volontairement faite (telle qu'a été des Dîmes au commencement) n'engendre obligation necessaire ; neanmoins cela n'a point lieu és protestations faites par dévotion & charité, qui ont cette faveur speciale, que ce qui a été accoûtumé par un long-tems, produit obligation, de laquelle est donnée action civile & légitime, *Grim. l.* 1. *c.* 4. *n.* 11. *de Decim.* Neanmoins par l'Ordonnance du Roy Philippes de l'an 1303. on ne peut exiger Dîme insolite, soit prédiale, soit personnelle, ou mixte, *Rebuff. q.* 8. *de Decim.* Par exemple, en certains lieux on ne paye point de Dîme des Foins ; en autres on n'en paye pas de Laine, &c. Aussi en tels lieux on ne les peut pas exiger : Mais si le pré vient à être empoüillé en fruits décimables, il doit la Dîme. Remarquez que si par transaction la Dîme est réduite à un devoir annuel, comme en argent, il faut la suivre, si elle est faite dans les formes, ou qu'elle eût sorti effet de tems immemorial : car un Curé ne peut pas obliger son successeur immediat, mais bien les mediats aprés un tems immemorial, parce qu'aprés un si long-tems on présume toutes les formalitez en tel cas requises avoir été bien faites & observées dûëment ; & cela étant, la transaction sortira effet, quoique l'heritage ne soit ensemencé de fruits décimables, & nonobstant toutes sterilitez. *Grim. l.* 3. *c.* 3. *n.* 10. Je dis, si elle est faite dans les formes, c'est-à-dire, si le Pape ou l'Evêque l'ont agréée ; autrement elle ne vaut, sinon aprés un tems immemorial.

Quand & comment il faut payer la Dîme.

Il faut payer la Dîme prédiale aussi-tôt que les fruits sont amassez, non pas au choix du Curé ni du Paroissien, mais fidélement comme la Gerbe échet ; le tout, s'il n'y a coûtume immemoriale contraire, d'en differer le payement, qu'il faut suivre, s'il n'y a fraude ou péril de fraude, *c. quicumque* 1. *in fin.* 29. *q.* 7.

Quant aux personnelles, il faut suivre la coûtume de chaque lieu.

Des Dîmes infeodées.

Les Dîmes infeodées sont celles qui par un privilege special, sont données à quelque Laïc par le Saint Pere, & non autre; parce que la donation des Dîmes faite à un Laïc par un autre, ne vaut; & telle possession que ce soit ne lui peut profiter : *quia longinqua usurpatio jus non tribuit, c. illud. 93. distin. &c. quia 10. q. 3. & præter non tuetur iniquam possessionem l. cum sponsus §. si res ff. de publ. c. Rebuff. q. 13. n. 77.*

1. Il faut que le Laïc, pour joüir des Dîmes à lui baillées, montre l'infeodation du Pape avec la joüissance de tems immemorial, quoiqu'il ne prouve que ç'a été avant le Concile de Latran, *Rebuff. q. 13. n. 71. & seq.*

2. Il faut que l'infeodation porte qu'elle a été faite à un Laïc, autrement la possession & prescription est nulle.

3. Que ç'a été à perpetuité, parce qu'on ne les bailloit regulierement que pour un tems, aprés lequel les Laïcs ne pouvoient plus les retenir.

4. Il faut qu'elles ayent été baillées *in feudum*, c'est-à-dire, en Fief; & cela étant, si le Laïc venoit à tuer ou mutiler le Curé, ou faire quelque cas énorme contre l'Eglise, il en seroit privé & ses heritiers, *ipso jure.*

. Mais à faute de Titre, il suffit de la preuve de la possession immemoriale, avec quelque reconnoissance faite à l'Eglise; & telle est l'opinion commune, *Rebuff. ibid. n. 76.* Mais à faute de montrer cette reconnoissance faite à l'Eglise où il prend la Dîme, l'investiture, ou sa possession même de mille ans, ne lui peut profiter; au contraire, l'on présume qu'il les a usurpées, *Rebuff. ibid. n. 78. & seq.*

En second lieu, si le Roy ou un Laïc remet les Dîmes qu'il possede és mains de Religieux ou d'un Ecclesiastique autre que le Curé du lieu, le donataire ne les poura prescrire, *c. dudum. de Decim. Rebuff. ibid. n. 85. Quia Titulus habitus ab eo qui non potest concedere, inducit malam fidem*, avec laquelle on ne peut prescrire, *c. vigilanti, & c. fin. de præscr. Rebuff. ibid. n. 86.*

En troisiéme lieu, l'Eglise contre un Laïc, ou un Laïc contre un un Laïc, prefcrit par dix ans entre prefens, & vingt ans entre abfens, les Dîmes qu'il poffede juftement. *Rebuff. ibid. n.* 100.

En quatriéme lieu, pour prouver une poffeffion immemoriale, il faut que les témoins difent qu'ils ont toûjours vû joüir, & apris de leurs ayeuls (fuffit d'un) que tel a toûjours joüi, que telle a toûjours été la renommée commune; qu'ils n'ont jamais vû ni oüi perfonne qui ait vû ni oüi le contraire. *Rebuff. q.* 3. *n.* 94. *& feq.* De plus, ils doivent être âgez de cinquante-quatre ans, afin qu'ils ayent été capables de dol avant quarante ans, pour dépofer du commencement de la joüiffance. *Ibid. n.* 99. mais pour avoir vû & oüi eux-mêmes en matiere de poffeffion immemoriale, il faut qu'ils ayent quatre-vingts ans. *Ibid.*

Pardevant quel Juge il faut fe pourvoir pour agir en matiere de Dîme.

S'il s'agit de Dîmes infeodées, parce qu'elles font profanes; ou s'il s'agit du fait, comme fi le Curé demande tant de Gerbes de Dîmes qui lui ont été enlevées en tel lieu, & que cela lui foit dénié; ou bien quand il s'agit des fruits, comme quand un Fermier a loüé, & qu'on lui en demande le payement, puifque cela eft purement temporel; ou quand il s'agit de poffeffoire, cette action étant auffi temporelle, le Juge Royal eft le Juge competent en ces quatre cas.

Mais s'il s'agit du droit de Dîme, cela étant fpirituel, puifqu'il eft commandé de Dieu & de l'Eglife, l'Official en doit connoître. *Rebuff. q.* 13. *n.* 33. *&* 39.

Remarquez enfin que pour mettre à execution une Sentence du Juge d'Eglife, laquelle de foy ne porte hypotéque, il faut la faire déclarer executoire par le Juge Royal avec le condamné, puis la mettre à execution, & non auparavant, & ne porte hypotéque que du jour de ladite déclaration; & cela s'apelle implorer le bras féculier; parce que la Juftice de l'Eglife, *non habet territorium:* même en France, l'Official ne peut emprifonner un Prêtre hors fon Prétoire, fans implorer le bras féculier. *Joannes Andreas in c. Cum Epifc. de Offic. Ordinarii in* 6. *Joannes Galli*, en la Queft. 227.

EDIT DU ROY,

POUR la Levée & Perception des Dîmes, grosses, vertes, menuës & novales sur toutes les terres sujettes à icelles, encore qu'elles ayent été converties des terres labourables ou vignobles, en prairies, herbages ou autres fruits non sujets à Dîmes.

Du mois de Février 1657.

LOUIS par la grace de Dieu Roy de France & de Navarre: A tous presens & à venir, Salut. La même autorité qui a établi l'Eglise Chrétienne, pour la conduite des Fidéles dans l'exercice de la vraye Religion, par le moyen des Evêques & des autres personnes inferieures qu'ils ordonnent pour être leurs Coadjuteurs en ce Ministere sacré, a établi aussi le fonds, tant pour leur entreténement, que pour fournir aux choses qui sont necessaires pour le Culte Divin, & pour la subvention des pauvres. Les Dîmes ont été specialement instituées de droit Divin pour satisfaire à ces charges, Dieu s'étant réservé cette portion des fruits pour témoignage de sa Seigneurie universelle, dont il a gratifié ceux qui sont dévoüez au service de ses Autels, ausquels les anciens Chrétiens la payoient abondamment sans aucune contrainte; mais comme la pratique de ces devoirs est venuë à se refroidir, il a été necessaire que les Constitutions Canoniques, & ensuite les Ordonnances des Rois nos Prédecesseurs ayent ordonné le payement & la levée de ces Dîmes, comme d'un sacré tribut imposé de droit Divin sur les fruits. Et dautant que les Députez de l'Assemblée generale du Clergé qui se tient maintenant à Paris par nôtre permission, nous ont representé qu'en diverses Provinces de nôtre Royaume, les possesseurs des terres avoient introduit divers abus & des fraudes manifestes pour ruiner cet ancien domaine de l'Eglise, & qu'ils nous ont suplié d'y pourvoir d'un remede convenable; Nous desirans à l'imitation des Rois nos Prédecesseurs, proteger l'Eglise & les Benefices en la proprieté, &

les maintenir en la possession & joüissance des Dîmes qui leur apartiennent legitimement; de l'avis de nôtre Conseil & de nôtre certaine science, pleine puissance & autorité Royale, avons Ordonné & Ordonnons ce qui suit.

PREMIEREMENT, Nous voulons & entendons que tous les possesseurs des terres, nobles ou roturieres, même les Seigneurs des lieux pour terres de leur domaine, soient contraints de payer les Dîmes des fruits; & déclarons conformément à l'article 50. de l'Ordonnance de Blois, qu'ils ne pouront dire, proposer & alleguer en jugement ledit droit de Dîme n'être dû qu'à volonté, ni alleguer possession ou prescription autre que celle de droit qui concerne la cotte, & non le total.

II. Pour le regard de la cotte des Dîmes qui se trouve réglée en divers endroits par Sentences ou Transactions, dont l'execution a été empêchée par les possesseurs; Nous Voulons & Ordonnons que le payement en soit fait suivant la teneur desdits Titres, conformément à l'Ordonnance du Roy Charles IX. de l'an 1561.

III. Nous Ordonnons conformément à l'Article 49. de l'Ordonnance de Blois, & sous les peines portées par icelui, Que les possesseurs & tenanciers des heritages sujets au droit de Dîmes, feront publier au Prône le jour qu'ils voudront enlever leurs fruits, venus & crûs sur iceux, afin que les Ecclesiastiques ou leurs Fermiers, ou ayant charge, s'y puissent trouver. Faisons trés-expresses inhibitions & défenses à tous détenteurs desdits heritages, de mettre en gerbes, enlever ou emporter les fruits d'iceux, soit gros & menus grains, comme panis, millets ou autres és lieux sujets à Dîme, & où elle a accoûtumé d'en être payée, sans avoir payé ou laissé ledit droit de Dîme sur le champ, à raison, nombre, qualité & quantité qu'il a accoûtumé d'être payé. Et pour le regard des lieux où la Dîme des bleds se paye en sillons, elle sera faite avec toute l'égalité qu'il se poura entre les possesseurs & les dîmiers.

IV. Et parce que les possesseurs, pour se décharger du payement des Dîmes, introduisent un abus qui est trés-préjudiciable, en changeant la surface de la terre, même la convertissant en prairies & herbages, ou semant des fruits qui ne sont sujets à Dîme, suivant la coûtume des lieux, dans les champs qui avoient accoûtumé d'être chargez de vignes, bleds & autres grains dont ils payoient la Dîme; Nous ordonnons, Voulons & Nous plaît, que ce changement qui a été & sera fait de la surface de la terre, ni des fruits & revenus, ne puisse préjudicier aux Dîmes, ausquelles la Dîme desdits fruits & revenus nouveaux qui ne sont point sujets à Dîme, suivant l'usage des lieux, soit payé à la raison des anciens qui se recueïlloient ausdits heritages.

V. Comme aussi, Nous ordonnons que les Seigneurs des lieux & autres personnes qui font des enclos, dans lesquels ils recueïllent des vins, des bleds, & autres fruits sujets à Dîmes, seront contraints par nos Juges d'en faire le payement aux Seigneurs dîmiers.

VI. Comme aussi, Nous voulons que dans nôtre Province de Dauphiné & ailleurs, les Nobles qui depuis 1635. ont acheté ou acheteront ci-aprés des biens roturiers de leurs sujets ou autres, continuent le payement de la Dîme des fruits qui croîtront ausdites terres, à la même raison que lorsqu'elles étoient possedées par les roturiers, nonobstant la coûtume qui pouroit être sur les lieux de payer une cotité moindre pour les terres nobles. Faisons défenses à tous Juges de juger contre la disposition du contenu au present Article, à peine de nullité des Jugemens & Arrêts.

VII. Comme la Dîme des terres rédigées à nouvelle culture depuis la memoire des hommes, que l'on apelle Novales, apartient, suivant le droit, aux Curez des Paroisses, à cause du soin des ames dont ils sont chargez, à l'exclusion des autres Ecclesiastiques ou Laïques qui possedent les anciennes Dîmes dans les Paroisses; Neanmoins les Evêques qui ont une Jurisdiction immediate sur tous les Paroissiens, sont conservez par le même droit en la portion qui leur est dûë de ces Dîmes. C'est pourquoi pour éviter les Procés à l'avenir sur la liquidation de cette portion, Nous voulons & ordonnons qu'aux Paroisses où les Evêques joüissent d'une portion de la grosse Dîme, ils soient maintenus en la possession & joüissance d'une portion égale en la Dîme des Novales, comme les Curez en la possession de la quatriéme partie des Novales aux lieux où les Evêques joüissent de toute la grosse Dîme. SI DONNONS EN MANDEMENT à nos amez & feaux Conseillers les Gens tenans nôtre Cour de Parlement à Paris, que ces Presentes ils fassent registrer, & du contenu en icelles, joüir & user lesdits Ecclesiastiques & Dîmiers de nôtre Royaume, pleinement & paisiblement, sans permettre qu'il y soit contrevenu en aucune maniere que ce soit, nonobstant toutes Ordonnances & Coûtumes à ce contraires, ausquelles

Nous avons dérogé & dérogeons par cesdites Presentes : CAR tel est nôtre plaisir. Et afin que ce soit chose ferme & stable à toûjours, Nous y avons fait mettre nôtre Scel, sauf en autre chose nôtre droit, & l'autrui en toutes. DONNE' à Paris au mois de Février, l'an de grace mil six cens cinquante-sept ; & de nôtre Régne le quatorziéme. Signé, LOUIS. Et plus bas, Par le Roy, PHELYPEAUX.

ARRETS DU PARLEMENT,

POUR le payement de la Dîme des Laines & Agneaux, Cochons, Oysons & autres menuës Dîmes.

Du 16. Mars 1619.

LOUIS par la grace de Dieu Roy de France & de Navarre : Au premier des Huissiers de nôtre Cour de Parlement, ou autre Sergent sur ce requis, Salut. Comparut en nôtredite Cour de Parlement Maître Yves Charpentier Prêtre, Curé de Mercy, demandeur suivant la Commission du 14. May 1614. d'une part : Et Messire Henry de Gondy Evêque de Paris, Seigneur temporel & spirituel de la Terre, Fief, Justice & Seigneurie de saint Magloire, annexée audit Evêché, prenant le fait & cause pour Denys Giroust son Receveur & Fermier en ladite Seigneurie de saint Magloire audit Mercy, défendeur, d'autre. VEU PAR NOSTREDITE COUR lesdites Commission, Requête, demande, défenses, apointement en droit, avertissemens, productions, contredits & salvations desdites Parties ; & tout consideré : NÔTREDITE COUR a condamné & condamne lesdits défendeurs payer audit demandeur la Dîme des Laines & Agneaux ; sçavoir, le treiziéme Agneau au premier de Juin, en l'annonçant par ledit demandeur le Dimanche précédent au Prône de la Messe de Paroisse ; quoi faisant, l'Agneau acquitera la brebis de la toison. Et la treiziéme toison des moutons & brebis qui ne portent point agneau, au jour de S. Jean-Baptiste : Et outre payer la Dîme des Cochons, Oysons, & autres menuës Dîmes, suivant la coûtume des lieux : ensemble les arrerages des especes ci-dessus depuis l'année 1623. ou la valeur & estimation d'icelles, au dire de gens à ce connoissans : si a condamné lesdits défendeurs és dépens de ladite instance. DONNE' à Paris en nôtredite Cour de Parlement, le seiziéme jour de Mars mil six cens dix-neuf; & de nôtre Régne le neuviéme. Signé, par la Chambre, DU TILLET. Et scellé.

Arrest du Parlement, du 20. Avril 1619. par lequel la Dîme du Saffran est ajugée au Prieur de la Faye en Poitou, à raison du douziéme.

Il n'est pas permis à un Curé d'abandonner la Dîme de sa Paroisse au préjudice de ses successeurs. Jugé par Arrest du Parlement, du dixiéme Juillet mil six cens vingt-trois.

ARREST DU PARLEMENT,

CONCERNANT la Dîme des Fruits, Bleds, Avoines, Orges, Rigaudes, Vesses, Pois, Féves, Filaces, Agneaux, Cochons, Oysons, Toisons, & autres choses sujettes à Dîme.

Du neuviéme May 1624.

LOUIS par la grace de Dieu Roy de France & de Navarre: Au premier des Huissiers de nôtre Cour de Parlement, ou autre nôtre Sergent, Salut. Comme le jour & datte des Presentes, VEU PAR LA COUR la Requête presentée par Maître Antoine Dilicour Prêtre, Curé de la Celle & des Bordes, Chapelain de S. Denys, de fondation Royale, soûtenant qu'à cause de sadite Cure, il a droit de Dîmes & prémices sur tous les fruits qui se recueïllent en ladite Paroisse, y compris Agneaux, Cochons, avec la laine de vieil bestail; Et dautant que ceux qui doivent la Dîme sans l'avertir enlevent les fruits, requeroit conformément aux Ordonnances, lui être sur lesdites contraventions pourvû par ladite Cour; Arrêts des 25. Février & 5. Juillet 1608. & 19. May 1632. 6. Février 1621. & autres donnez pour le fait desdites Dîmes. Tout consideré: LADITE COUR ayant égard à ladite Requête, a fait inhibitions & défenses à toutes personnes qui ont possedé des terres sujettes à la Dîme en ladite Paroisse de la Celle & les Bordes, couper & lever les fruits sans au préalable en avertir le

Supliant, ſon Fermier ou Receveur, pour prendre ſon droit de Dîme qu'il aura ſur leſdits fruits, & autres choſes ſujettes à ladite Dîme, à peine de confiſcation des chevaux, charettes & fruits: Ordonne que le preſent Arreſt ſera lû, publié au Prône de ladite Paroiſſe, & autres circonvoiſines, à ce que perſonne n'en prétende cauſe d'ignorance. FAIT en Parlement le neuviéme May 1624.

ARREST DU PARLEMENT,

CONCERNANT la Dîme du Saintfoin.

Du 24. Juillet 1625.

VEU par la Cour la Requête à elle preſentée par les Religieux, Abbé & Convent de ſainte Geneviéve au Mont de Paris, par laquelle, attendu que par les Ordonnances dernieres & Arrêts, il eſt enjoint à tous détenteurs & poſſeſſeurs de terres labourables, vignes & autres heritages ſituez en & au dedans des Terres & Seigneuries de Roiſſy, Roſny, Choiſy aux Bœufs & Vanvre, de payer la Dîme des grains; enſemble du Saintfoin qui ſe recueïlle ſur leſdites terres, ſuivant la coûtume du lieu, avec défenſes d'enlever leſdits fruits, & autres choſes, que leſdites Dîmes n'ayent été payées: Neanmoins leſdits détenteurs ne tiennent compte de ce faire, ains enlevent ce qui ſe recueïlle ſur leſdites terres ſans payer les droits de Dîme: Requeroient leur être enjoint de payer ladite Dîme, & permiſſion d'informer contre les contrevenans, comme il a été ordonné en cas ſemblable. VEU auſſi leſdits Arrêts & Pieces attachées à ladite Requête; Tout conſideré: LADITE COUR ayant égard à ladite Requête, a enjoint à toutes perſonnes tenans & poſſedans terres labourables, & autres heritages ſituez en & au dedans deſdites Terres & Seigneuries de Roſny, Roiſſy, Choiſy aux Bœufs & Vanvre, payer la Dîme qui ſera dûë à l'avenir des Grains, Saintfoin, & autres choſes qui ſe recueïllent ſur leſdites terres auſdits Suplians, leurs Fermiers, Receveurs ou Commis, ſuivant la coûtume du lieu: leſquels tenanciers ou redevables, ſeront tenus de faire ſavoir auſdits Suplians, leurs Receveurs ou Commis, le jour qu'ils veulent enlever lesdits Grains & Saintfoin, & les lieux où ils sont situez, afin qu'ils s'y puissent trouver pour prendre la Dîme, & recevoir ledit droit à la raison accoûtumée. Ordonne que lesdits détenteurs payeront lesdits droits sur le champ au jour désigné auparavant que d'enlever les fruits, & iceux bleds mettre en dizeaux, pour compter les gerbes: Leur a fait inhibitions & défenses d'enlever lesdits Grains, Fruits & Saintfoin, tant verd que sec, sans avoir payé lesdits droits, sur peine de confiscation desdits fruits, & des charettes, chariots & harnois, ou chevaux qui seront trouvez chargez d'iceux, dont lesdits droits n'auroient été payez; lesquels à cette fin seront saisis & arrêtez; & permet ausdits Suplians, ou leurs Receveurs, faire informer des contraventions faites ausdites Ordonnances & Arrêts, de la dénegation & refus de payer les droits susdits; pour lesdites informations faites & raportées pardevers ladite Cour, être procedé contre les délinquans, comme infracteurs des Edits & Arrêts d'icelle. FAIT en Parlement le 24. Juillet 1625. Signé, RADIGUES.

ARREST DU PARLEMENT,

CONCERNANT la Dîme des Agneaux.

Du 12. Janvier 1629.

COMME de certaine Sentence donnée par nôtre Bailly de S. Pierre le Moustier, ou son Lieutenant, le 11. Septembre 1627. au profit d'Edme Boudequin défendeur, à l'encontre de Maître François Boudot Curé de Saisy, demandeur, & concluant à ce que le défendeur fût condamné à payer le droit de Dîme d'Agneaux qu'il pouvoit devoir à cause de ladite Cure, sur le nombre de neuf Agneaux par lui nouris lors de sa demande du 10. Juillet 1627. par laquelle nôtredit Bailly ou son Lieutenant, auroit absous ledit défendeur, & condamné ledit demandeur aux dépens, eut été de la part dudit Boudot, apellé en nôtredite Cour de Parlement; laquelle, lesdites Parties oüies en leur Cause d'apel, & le Procés par écrit conclu & reçû pour juger si bien ou mal a été apellé, joint les griefs hors de Procés, prétendus moyens de nullité, & production nouvelle dudit apellant,

apellant, qu'il pouroit bailler dans le tems de l'Ordonnance, ausquels griefs, prétendus moyens de nullité ledit intimé pouroit répondre ; & contre ladite production nouvelle, bailler contredits aux dépens de l'apellant. Icelui Procés, griefs, réponses à iceux : Forclusion de produire de nouvel par ledit apellant. Tout vû & diligemment examiné : Nôtredite Cour par son Jugement & Arrest, a mis & met l'apellation au néant, sans amende & dépens de la Cause d'apel : A ordonné & ordonne que ladite Sentence de laquelle a été apellé, sortira son plein & entier éfet ; la taxation des dépens ajugez, par devers elle réservée. Prononcé le douziéme jour de Janvier 1629. Signé, GALLARD.

ARREST DU PARLEMENT,

POUR la Dîme des Bleds noirs ou Sarrazins.

Du 18. Aoust 1631.

ENTRE les Abé, Religieux, Prieur & Convent du Mont S. Michel au péril de la Mer, apellans de Sentence donnée par le Bailly de Côtentin, ou son Lieutenant au Siege d'Avranches, le 4. Novembre 1630. & renvoyez à la Cour par Acte du 28. dudit mois de Novembre, d'une part : Et Maître Jacques Durand, Docteur en la Faculté de Paris, Chanoine & Theologal en l'Eglise d'Avranches, Curé de S. Martin de Servon, apellé & renvoyé, d'autre. VEU par la Cour le Procés par écrit d'entre les Parties reçû pour juger le 16. May dernier ; ladite Sentence dont est apel dessus dattée, donnée entre ledit Durand Porteur de Mandement, pour être maintenu en la perception du total des Dîmes de ladite Paroisse & Cure de Servon, tant en grosses Dîmes, que vertes Dîmes ou verdages de ladite Paroisse, & pour faire défenses ausdits Abé & Religieux du Mont S. Michel, prétendans avoir les deux parts desdites Dîmes, de troubler ledit Durand en l'entiere perception & récollection desdites Dîmes, d'une part : Et lesdits Abé & Religieux oposans contre ledit Mandement, & de leur part demandeurs, pour être maintenus en la joüissance des deux parts desdites Dîmes, d'autre ; par laquelle avoit été ajugé audit Durand le total des vertes Dîmes de ladite Paroisse, se consistant en bleds noirs, pommes, poires, filaces, au préjudice desdits Abé & Religieux du Mont S. Michel; & en ce faisant la Sentence de provision donnée au profit dudit Durand le 20. Novembre 1627. convertie en définitive; & lesdits Abé & Religieux maintenus en la joüissance des grosses Dîmes qu'ils avoient accoûtumé de percevoir en ladite Paroisse, & les Parties envoyées sans dépens, réservé ceux auparavant jugez; & payeront lesdits Prieurs & Religieux le Raport: Ledit Acte du 28. Novembre 1630. contenant le renvoi desdites Parties en la Cour. VEU l'apel interjetté par lesdits Religieux de la susdite Sentence: Rôlle ou dénombrement des terres situées en ladite Paroisse de Servon, sur lesquelles est dûë la Dîme ausdits Abé & Religieux, écrit en parchemin, contenant concession faite à ladite Abaye du Mont S. Michel, des Dîmes de Servon, du Luot, de Poutre & autres, en datte de l'an 1058. sous le Régne de Henry II. Roy d'Angleterre & Duc de Normandie. Extrait du Livre noir du Mont S. Michel, contenant comme à ladite Abaye apartient la presentation de l'Eglise de Servon, & les deux parts des Dîmes des terres mentionnées audit Livre. Contrat du 18. Decembre 1403. par lequel Jean & Jean Priaut de la Paroisse de Servon, auroient quitté & delaissé ausdits Abé & Religieux les deux parts des Dîmes de bleds quels qu'ils puissent être, de plusieurs pieces de terres à eux apartenantes, scises en ladite Paroisse, nommées Bornes, & mentionnées par ledit Contrat. Autre Contrat dudit jour, contenant pareil delai fait ausdits Religieux par Jean Eve, des deux parts de la Dîme de ses heritages assis en ladite Paroisse de Servon. Autre Contrat du 22. de Février 1411. contenant autre vente faite par Jean Priaut ausdits Abé & Religieux, des deux parts de la Dîme de plusieurs terres situées en ladite Paroisse de Servon. Autre Contrat collationné devant le Vicomte de Pontorson, le 19. May 1356. contenant autre donation faite à iceux Abé & Religieux des deux parts des Dîmes de plusieurs autres terres scises en ladite Paroisse, par Thomas de Servon, & autres y dénommez, Seigneur de ladite Paroisse. Autre Copie de donation faite ausdits Religieux, le 26. May 1460. Contrat du 5. Juin 1503. contenant le Bail à ferme fait par lesdits Religieux à Maître Pierre Priore Prêtre, de ladite Dîme de Servon. Adjudication faite pardevant le Senéchal de la Baronnie d'Ardevon le 11. Juin 1543. à Maître Bertrand des Guettes

Prêtre desdites Dîmes apartenantes ausdits Religieux. Un Cahier de copie collationnée le 6. Mars 1609. contenant les confirmations accordées ausdits Religieux par les Papes Honoré, Gregoire & Alexandre, du revenu & possession de ladite Abaye du Mont de S. Michel, même la remise à eux faite par Robert fils de Guillaume Duc de Normandie, des Dîmes de Servon, & autres y mentionnées. Copie de Contrat du 27. Janvier 1610. contenant le Bail à ferme fait par Jean de Sortauville à Michel & Guillaume Jardin, de toutes & chacunes les Dîmes de la Paroisse de Servon, en ce qui pouroit apartenir à ladite Abaye du Mont S. Michel. Autre Copie de Bail fait de ladite Dîme le 2. May 1620. à Guillaume Jardin de la Paroisse de Servon, par les Fermiers de ladite Abaye. Copie d'Arrest de ladite Cour du 19. Janvier 1622. donné entre la Dame Abesse de Nôtre-Dame du Prey, & Frere Artus le Coute Curé de la Bloutiere, produit par lesdits Religieux en cas semblables. Deux autres Copies d'Arrêts de ladite Cour des 27. Janvier 1623. & 30. Juillet 1573. Trois autres Copies de Sentences données ; la premiere, par le Bailly de Caën ou son Lieutenant à Vire, & les deux autres par le Bailly de Côtentin à Avranches, le 8. Novembre 1603. & 16. Decembre 1623. & 13. Juillet 1624. Copie d'adjudication faite de ladite Dîme de Servon à Jean Jardin devant ledit Senéchal d'Ardevon le 25. Novembre 1625. Copie & Brevet de caution baillée par ledit Jardin sur ladite adjudication le 6. Decembre ensuivant; ledit Mandement dudit Bailly obtenupar ledit Durand le 25. Octobre 1627. Signification dudit Mandement faite à Bertrand & Jean Jardin pere & fils, Fermiers desdits Abé & Religieux, le 29. dudit mois d'Octobre. Autre Exploit dudit jour, contenant assignation faite audit Durand. Instance dudit Jardin, à comparoir devant ledit Bailly sur l'oposition par eux formée au susdit Mandement. Acte du 9. Novembre ensuivant, par lequel avoit été ordonné audit Jardin, faire venir lesdits Religieux au prochain jour. Ladite Sentence du 20. Novembre 1627. par laquelle délivrance avoit été faite audit Durand, par provision & à caution, desdites Dîmes de ladite Paroisse, pour laquelle rétracter ou convertir en définitive, ordonné que lesdits Religieux produiront dans la quinzaine, lesquelles vertes Dîmes seront apostillées par compte & nombre ; lesdits Religieux ou leurs Procureurs apellez, pour y être si faire le vouloient. Ecrits desdites Parties en propos, réponses, addition; salvation à ladite addition. Replique & duplique des Parties, avec leur élection de signature. Requête presentée à ladite Cour par lesdits Religieux le 8. Juillet dernier, pour faire recevoir au Jugement du Procés, trois Arrêts de ladite Cour, des 27. Novembre 1621. 10. Février & 26. May 1629. Contredits baillez à l'encontre desdits Arrêts par ledit Durand, & salvations desdits Religieux au contraire. Autre Requête presentée à ladite Cour par lesdits Religieux, pour faire oüir & examiner ledit Durand, ses faits & articles pertinens, lesdits articles & examen prêtez par ledit Durand sur iceux le 19. dudit mois de Juillet, & tout ce que lesdites Parties ont mis & clos pardevers ladite Cour par Inventaires signez & arrêtez de leurs respectifs Procureurs, pour leur être fait droit; Tout consideré: Il est dit que la Cour a mis & met ladite apellation, & ce dont est apellé, au neant; & en émendant & corrigeant le Jugement, a maintenu & maintient lesdits Religieux en la possession & joüissance de la Dîme des Bleds noirs, autrement dits Sarrazins, suivant la part qu'ils ont accoûtumé de prendre en la Dîme de ladite Paroisse; a condamné & condamne ledit Durand à la restitution de ladite Dîme perçûë ou empêchée percevoir depuis ladite Sentence provisoire, sans dépens entre les Parties, & payera ledit Durand le Raport. Fait à Roüen en ladite Cour de Parlement, le 18. Aoust 1631. Signé, Deschamps.

ARREST DU CONSEIL D'ETAT,

Portant Réglement pour la levée & perception des Dîmes sur toutes Terres & Fonds ensemencez & chargez de fruits, selon la coûtume des lieux.

Du 10. Aoust 1641.

SUR les remontrances faites au Roy en son Conseil, par les Députez de l'Assemblée generale du Clergé de France, qui se tient par permission de Sa Majesté en la Ville de Mante; Qu'en plusieurs lieux du Royaume, particulierement au Païs d'Angoumois, les Habitans auroient, sous tel exposé que bon leur auroit semblé, obtenu Sentence du Senéchal d'Angoulême le 30. May 1629. portant permission à chaque Laboureur qui laboure à quatre bœufs, d'avoir & tenir un arpent de terre franc & quitte de toutes Dîmes de quelque nature & fruits qu'il soit chargé; ou un demi arpent à qui n'aura que deux bœufs, & un quartier à tous autres Habitans qui n'en auront point du tout; & ce pour leur servir de parc ou jardin, laquelle Sentence auroit depuis été confirmée par Arrest du Parlement de Paris du 20. Avril 1630. Dequoi lesdits Habitans abusans, il arrive que tous indiferemment usurpent non seulement la quantité d'un arpent de terre, mais de plus l'ensemencent des plus gros & meilleurs fruits, à raison de cette prétenduë exemption d'en payer la Dîme; ce qui est tout-à-fait contraire à l'Usage & aux Ordonnances, n'y ayant aucune terre qui doive être exempte de payer la Dîme, mais bien quelques menus fruits sur lesquels elle ne pouroit commodement se recueïllir, comme sur les plantes & herbages qui croissent dans les jardins, & qui se consomment journellement dans le ménage. Et parce que si telle usurpation avoit lieu, les Dîmes diminuëroient presque de moitié, & ne pouroient les gens d'Eglise être substentez du revenu de leurs Benefices, dont les Dîmes font la plus grande & meilleure partie: A quoi voulant pourvoir, Sa Majesté ayant égard ausdites remontrances, sans s'arrêter à ladite Sentence du Senéchal d'Angoulême dudit jour 30. May 1629. & Arrest du Parlement de Paris du 20. Avril 1630. confirmatif d'icelle, & tous autres rendus en pareil cas, que Sa Majesté a cassez & annullez; A ordonné & ordonne que les Dîmes se percevront sur toutes terres & fonds ensemencez & chargez de fruits sujets à icelle, conformément à la Coûtume des lieux, à la réserve des parcs ou jardins destinez pour le plaisir & commodité des Proprietaires, à la charge toutefois, que lesdits jardins ne seront de plus grande étenduë qu'il n'est permis par lesdites Coûtumes, ni ensemencez en fraude des Curez. FAIT au Conseil d'Etat du Roy, tenu à Paris le dixiéme Aoust 1641. Signé, GALLAND.

ARREST DU PARLEMENT,

En faveur des Curez, pour les Dîmes Champars, Menuës & Vertes, Agneaux, Cochons, Veaux & Novales des Terres défrichées depuis quarante ans, même dans les enclos & closeaux.

Du douziéme Mars 1643.

Entre les Doyen, Chanoines & Chapitre de S. Mellon de Pontoise, prenant la Cause pour la veuve Jean Prevost & Simon le Thieu leurs Fermiers, apellans d'une Ordonnance aposée au bas d'une Requête presentée au Bailly de Chaumont ou son Lieutenant, le 4. Aoust 1638. & Sentence renduë par ledit Bailly de Chaumont du cinquiéme dudit mois, & de tout ce qui s'en est ensuivi, tant comme de Juge incompetent, qu'autrement, & défendeurs, d'une part : Et Maître Pierre du Chemin Prêtre, Curé de Delincour, au Vicariat de Pontoise, intimé & demandeur au principal, suivant sa Requête du 4. Aoust 1638. presentée audit Bailly de Chaumont ou son Lieutenant. Aprés que Bataille pour les apellans & défendeurs, & Langlois pour l'intimé & demandeur, presens les Procureurs des Parties, sont demeurez d'accord de l'apointement qui ensuit : Apointé, est oüi sur ce le Procureur General du Roy, que la Cour a mis & met les apellations, & ce dont est apellé, au neant; a évoqué & évoque le principal différent des Parties : Et y faisant droit, a ordonné que l'intimé prendra la Dîme à lui apartenante sur les terres de ladite Paroisse avant le Champart qui apartient aux apellans : A déclaré & déclare les terres de l'ancien domaine de ladite Cure, qui sont de l'ancienne fondation, exempte de la Dîme envers les apellans ; a maintenu & gardé, maintient & garde l'intimé en la possession & joüissance de toutes les menuës & vertes Dîmes qui se recueillent dans ladite Paroisse, même dans les clos & closeaux, & des Agneaux, Cochons & Veaux, à la charge de payer tous les ans par l'intimé aux apellans au jour de S. Remy, la somme de trente sols, à laquelle a été faite l'évaluation de deux Agneaux retenus par les apellans : Et outre a maintenu & gardé, maintient & garde l'intimé en la possession des Novales & Dîmes des terres défrichées, depuis quarante ans, du jour de la demande & sans dépens. FAIT en Parlement le douziéme Mars mil six cens quarante-trois. Signé, GUYET.

ARREST DU PARLEMENT,

PORTANT Réglement entre les Curez, Prieurs & Religieux pour les grosses & menuës Dîmes, Novales, Orges, Avoines mêlées avec Pois, Féves, Vesses, Lentilles, Navettes, Chenevis, Bleds, Sarrazins, Millet, & autres menus Grains séparément semez, mêlez ou non mêlez, qu'on apelle vulgairement Tremois ou Dragée.

Du 7. Septembre 1643.

ENTRE Maître Nicolas Ouyen de Lormêlée Prêtre, ci-devant Curé de la Paroisse S. Simeon, Diocese de Meaux, & à present Curé de Mareüil, demandeur en execution d'Arrest du 3. Juillet 1638. suivant la Commission obtenuë le 10. Décembre audit an, & Requête du 19. Mars 1639. & défendeur, d'une part : Et les Religieux, Prieur & Convent de S. Fiacre lés Meaux, & Gabriël de Joüy leur Fermier, défendeurs, d'autre. Et encore entre ledit Joüy demandeur en Requête du 11. Mars audit an 1639. & lesdits Religieux & de Lormêlée, défendeurs, d'autre. VEU par la Cour ledit Arrest du troisiéme Juillet, par lequel entr'autres choses, lesdits Religieux auroient été maintenus en la possession & joüissance des grosses Dîmes anciennes, seulement du côté de ladite Eglise de S. Simeon, & ledit de Lormêlée de toutes les Dîmes grosses, Menuës & Novales du côté de Rabets ; ladite Commission & Requête du dix-neuviéme Mars, à ce que suivant ledit Arrest, & icelui interpretant, ledit de Lormêlée fut maintenu en la possession & joüissance de toutes grosses & menuës Dîmes, tant anciennes que recentes, qui se levent sur les terres Novales de ladite Paroisse S. Simeon du côté de l'Eglise, en tous les especes de menuës Dîmes, tant en grains qu'autrement, qui se perçoivent sur les autres terres du côté de ladite Eglise, & particulierement des Orges, Avoines & autres menus Grains, & en exemption de payer aucunes Dîmes des terres dépendantes de ladite Cure, scises du même côté de ladite Eglise; & défenses ausdits Religieux & leurs Fermiers & Commis, de l'y troubler: Et ledit de Joüy condamné en son propre & privé nom à la restitution desdites Dîmes pour les années 1636. 1637. & 1638. si elles étoient en nature, sinon la juste valeur au dire des gens à ce connoissans. Ladite Requête du onziéme Mars, à ce qu'il soit ordonné que ledit de Joüy joüiroit pendant son Bail des grosses Dîmes qui se levent sur les Orges & Avoines, comme étans menus grains apartenans de toute ancienneté ausdits Religieux du côté de ladite Eglise: Et subordinement où il se trouveroit de la difficulté à l'égard dudit de Lormêlée, que lesdits Religieux fussent condamnez faire joüir ledit de Joüy des grosses Dîmes qui se levent de toute ancienneté par lesdits Religieux sur lesdites Orges & Avoines provenans des terres de la Cure. Arrest du dernier May 1639. par lequel sur lesdites amendes, les Parties auroient été apointées, à mettre leur Requête & Procés par devers l'un des Conseillers à ce commis. Productions desdites Parties. Contredits desdits Religieux, & de Lormêlée. Forclusions d'en fournir par ledit de Joüy. Instances entre lesdits Religieux, Prieur & Convent, demandeur en complainte suivant la Requête du 21. Juin 1639. à ce qu'en conséquence de la Transaction faite entr'eux & ledit de Lormêlée, il fut déclaré non recevable de sa demande afin de restitution des Dîmes pour lesdites années 1636. 1637. & 1638. sauf à lui se pourvoir contre ceux qui auroient leursdites Dîmes, & que sans s'arrêter à ladite demande & interpretation d'Arrest, lesdits Religieux fussent maintenus en la possession des grosses & anciennes Dîmes du côté de l'Eglise, y compris celles des Orges & Avoines: Et défenses audit de Lormêlée défendeur, & incidemment demandeur, suivant ses défenses du 27. Juin 1639. à ce qu'en ajoûtant aux conclusions par lui prises par ladite Commission & Requête du seiziéme Mars, il fut maintenu en la possession des Dîmes des

des Trémois, Dragées & menus grains, qui se sement ordinairement dans les jardins & closeaux. Ladite Requête, défenses, repliques, apointement en droit. Productions desdites Parties, contredits & salvations, suivant ledit Arrest du 21. Janvier. Arrest du 13. Aoust 1639. entre ledit de Lormêlée, demandeur aux fins de la Commission du 10. Decembre 1638. suivant l'Exploit du 6. Juin ensuivant, à ce que lesdits défendeurs fussent condamnez solidairement à la restitution des Dîmes du domaine de ladite Cure scise du côté de ladite Eglise, & des menuës Dîmes des Orges, Avoines, Trémois & autres menuës especes par eux perçûs sous le nom dudit de Joüy pendant lesdites années 1636. 37. & 38. même d'une partie des Dîmes Novales aussi par eux perçûës en ladite année 1638. si elles étoient en nature, sinon la juste valeur, d'une part : Et Jean & Simeon Flament, & Loüis Margueres Sous-Fermiers dudit de Joüy, défendeurs, d'autre ; par lequel ledit Flament & Consors avoient été condamnez, suivant leurs offres, payer audit de Lormêlée la somme de vingt livres tournois pour la valeur desdites Dîmes du domaine de ladite Cure & Novales pour ladite année 1638. sans préjudice des frais par ledit de Lormêlée, tant contre lesdits défendeurs, que contre ledit de Joüy leur bailleur, & défenses au contraire. Et sur la demande des menuës Dîmes, Orges, Avoines, & autres menuës especes, les Parties auroient été apointées à produire. Production dudit de Lormêlée. Forclusions de produire & contredire par lesdits Flament & Margueres. Arrest du 20. Mars 1642. entre lesdits Religieux, apellans comme de Juges incompetens, d'une Ordonnance étant au bas d'une Requête presentée par ledit de Lormêlée au Bailly de Louviers, & d'un Acte en forme d'enquête du 23. Decembre 1638. & d'autres Actes de notorieté des 26. & 27. dudit mois, & 14. Juin 1639. d'une part ; & ledit de Lormêlée intimé, d'autre ; par lequel sur ledit apel les Parties auroient été apointées au Conseil. Causes d'apel. Réponses. Productions desdites Parties. Contredits, suivant ledit Arrest du 21. Janvier déclaré commun. Arrest du 17. Juillet 1642. entre Maître Gilles Champion Prêtre, Curé de ladite Paroisse S. Simeon, ayant pris le fait & cause dudit de Lormêlée demandeur, d'une part : Et lesdits Religieux & de Lormêlée, défendeurs, d'autre ; par lequel ledit Champion auroit été reçû Partie intervenante. Moyens d'intervention. Réponses. Productions desdites Parties. Contredits & salvations desdits Religieux & de Lormêlée. Forclusions d'en fournir par ledit de Champion; Tout joint & consideré : DIT A ESTE', que ladite Cour entant que touche les Instances dudit de Lormêlée contre lesdits de Joüy, Flament & autres Sous-Fermiers ; & sommation dudit de Joüy contre lesdits Religieux, en consequence des offres contenuës en l'Apointement du 13. Aoust 1639. acceptez par ledit de Lormêlée, a mis & met lesdites Parties hors de Cour & de Procés : Et faisant droit sur lesdites Instances de complaintes & interventions dudit de Champion, a maintenu & gardé, maintient & garde lesdits Religieux en la possession & joüissance des Dîmes sur les Orges & Avoines semées séparément ou conjointement, sur les heritages situez en ladite Paroisse S. Simeon du côté de l'Eglise ; & ledit Champion en la possession & joüissance de la Dîme desdits Orges & Avoines, lesquelles seront mêlées avec Pois, Féves, Vesses, Lentilles, Navettes, Chenevis ; Bleds Sarrazins, Millets, & autres menus grains, vulgairement apellez Trémois ou Dragées ; sans dépens entre lesdites Parties. Prononcé le septiéme Septembre 1643. Signé, GUYET.

EXTRAIT DES REGISTRES DE PARLEMENT.

ENTRE Maître Nicolas Ouyn de Lormêlée Prêtre, Licentié és Droits, ci-devant Curé de la Paroisse de S. Simeon, au Diocése de Meaux, & à present Curé de la Paroisse de Mareüil lés Meaux ; & Maître Gilles Champion aussi Prêtre, à present Curé de ladite Paroisse de S. Simeon, demandeurs en Requête par eux presentée en la Cour le 3. du present mois & an, tendante à ce qu'en explication de l'Arrest du 7. Septembre dernier, rendu entre les demandeurs & défendeurs ci-aprés nommez, leurs Fermiers & Sous-Fermiers ; par lequel faisant droit sur la demande & intervention dudit Champion, il a été maintenu & gardé en la possession & joüissance de ladite Dîme des Orges & Avoines, mêlées avec Pois, Féves, Vesses & autres menus grains y specifiez, qu'on apelle vulgairement Trémois ou Dragées en qualité de vertes & menuës Dîmes ; il plaît à la Cour maintenir aussi ledit

Champion en ladite qualité, en la possession & joüissance des Pois, Féves, Vesses, des Lentilles, Navettes, Chenevis, Bleds Sarrazins, Millet, autres menus grains séparément semez sur les heritages & lieux de ladite Paroisse S. Simeon du côté de l'Eglise dont est question entre les Parties, & défendeur, d'une part : Et les Religieux, Prieur & Convent du Prieuré de S. Fiacre en Brie, défendeurs, incidemment demandeurs en Requête par eux presentée, à ce que par ledit Arrest ils soient maintenus en la possession desdits Trémois ou Dragées, lorsqu'il y aura plus grande quantité d'Orges & Avoines, que de Pois, de Féves, & autres menus grains ou légumes, d'autre part, sans que les qualitez puissent préjudicier : Aprés que Feydeau Avocat des demandeurs, a conclu à leur Requête, & qu'Adam Avocat des Religieux a aussi conclu en leur Requête judiciaire. LA COUR ordonne que le demandeur joüira de la Dîme des Pois, Féves, Vesses, & autres menus grains mêlez & non mêlez : Et sur la demande judiciaire, apointe les Parties à mettre és mains de Messire Feydeau Conseiller du Roy. FAIT en Parlement le 10. Decembre 1643. Signé, GUYET.

ARREST DU CONSEIL,

QUI défend à tous Gentilshommes & Officiers, de s'entremettre directement ou indirectement des Baux à ferme des Dîmes, Champars & autres revenus des Ecclesiastiques, par eux ou par personnes interposées, pour y participer, même du consentement desdits Ecclesiastiques.

Du 18. *Juillet* 1646.

SUR ce qui a été represénté au Roy en son Conseil, par les Agens generaux du Clergé de France ; Que la plûpart des Gentilshommes, & même des Officiers troublent les Ecclesiastiques en la perception & récolte de leurs Dîmes, & qu'au mépris des anciennes Ordonnances des Rois ses Prédecesseurs, Déclarations & Réglemens en consequence, & contre les Arrêts des Cours Souveraines, ils ne cessent de s'ingerer dans la joüissance des biens Ecclesiastiques, les prennent à ferme, ou en leur nom, ou par personnes interposées, empêchent, par leur autorité & crédit, les autres de condition commune d'y mettre prix, en les intimidant & maltraitant; de sorte que si quelqu'un entreprend d'être Fermier, ou de faire valoir les possessions des Benefices, ils leur font toute sorte d'outrages & violences; ce qui est cause que les fruits tombent en pure perte aux Benefices, ou la récolte s'en fait à de si grands frais, qu'elle leur est entierement inutile: Et quelquefois l'on viole la liberté publique jusqu'à tel point, que l'on empêche lesdits Beneficiers, leurs Fermiers & Ouvriers de pouvoir trouver logement, même dans les Hôtelleries, d'avoir des vivres & autres choses necessaires, & sont contraints de donner leurs Fermes à vil prix à des valets ou autres personnes pratiquées pour cet éfet, tellement qu'il leur est impossible de retirer de leurs Benefices, ce qui est necessaire pour leur nouriture, & pour en aquiter les charges; en quoi l'Eglise souffre un notable préjudice, en ce que lesdits Beneficiers ne joüissant pas de leurs revenus entierement, ils sont souvent contraints de retrancher beaucoup de chose pour la décoration & l'ornement des Eglises, d'où il arrive que le Service Divin en est diminué, à cause dequoi requéroient lesdits Agens, qu'il plût à Sa Majesté sur ce leur pourvoir. LE ROY EN SON CONSEIL, conformément aux Ordonnances de Blois, article 48. & à l'Edit de Melun, article 31. a fait inhibitions & défenses à tous Gentilshommes, à peine d'être déclarez roturiers, à tous Officiers, à peine de privation de leurs Charges, de s'entremettre directement ou indirectement des Baux à fermes des Dîmes, Champars, & autres revenus desdits Ecclesiastiques, par eux ou personnes interposées pour y participer, encore que ce fût du consentement des Beneficiers: comme aussi, d'intimider ceux qui voudront prendre desdits Baux, ou encherir sur iceux, afin de les faire avoir à leurs parens, amis ou serviteurs: Voulant que s'il est prouvé que par telles intimidations, leursdites Fermes n'ont été données à leur juste valeur, ou si lesdits Gentilshommes ou Officiers ont joüi par eux ou par personnes interposées, directement ou indirectement desdites Dîmes, & autres droits & revenus Ecclesiastiques, ils payent ausdits Beneficiers le pardessus de ce qu'ils auroient pû affermer leursdits biens, & à raison du plus haut prix des Baux précedens, ou des Fermes des terres voisines, ou de l'estimation qui en sera faite, & ce au choix & option desdits Beneficiers, sans toutefois que pour raison dudit payement, lesdits Gentilshommes ou Officiers puissent s'immiscer directement ou indirectement dans la joüissance ou ménagement desdits biens d'Eglise, ni prétendre pour raison de ce, d'être exempts des autres peines portées par les Ordonnances : Et ce faisant, Sadite Majesté a cassé & annullé tous les Baux faits ou qui seront faits par ci-aprés ausdits Gentilshommes ou Officiers, leurs valets ou personnes interposées; Voulant qu'il soit informé du passé contr'eux, pour être punis selon la rigueur des Ordonnances. Ordonne en outre Sadite Majesté à tous Hôteliers, ou autres gens de semblable vacation, de fournir vivres & logement ausdits Beneficiers, leurs Fermiers & Ouvriers, quand ils en seront requis, à peine d'être responsables en leurs propres & privez noms des dommages & interêts desdits Beneficiers, & de punition exemplaire. Enjoint Sa Majesté aux Intendans de Justice dans les Provinces, d'informer des contraventions qui y seront faites, même d'envoyer au Conseil les informations qu'ils auront faites pour ce regard, pour y pourvoir selon & ainsi qu'il apartiendra, par raison. FAIT au Conseil d'Etat du Roy, tenu à Paris le 18. jour de Juillet 1646. Signé, BOÜER. Et scellé. Cet Arrest a été confirmé par un autre du 19. Octobre 1650.

Il y a Arrest du Conseil du 15. Juillet 1646. qui ordonne que les Dîmes se perçevront sur tous les fonds ensemencez, à la réserve des Parcs & Jardins destinez pour le plaisir; à la charge que lesdits Jardins ne seront de plus grande étenduë qu'il n'est permis par lesdites Coûtumes, ni ensemencez en fraude des Curez.

ARREST DU PARLEMENT,

CONCERNANT les vertes & menuës Dîmes, Agneaux, Cochons, Oysons & autres animaux croissans és maisons & cours des Habitans des Paroisses : Avec l'exemption des Dîmes dépendans de l'ancien domaine au profit des Curez.

Du 3. Mars 1648.

ENTRE Maître Pierre Charpentier Prêtre, Prieur, Curé de Vertilly & le Plessis du Meix; & les Religieux, Prieur & Convent des Célestins de la Ville de Sens, apellans d'une Ordonnance renduë par le Bailly de Provins ou son Lieutenant, le 12. Aoust dernier, & demandeur en Requête d'évocation du principal du 11. Janvier dernier, d'une part : Et Maître Jerôme Guichard Prêtre, Curé de Villuis, intimé & défendeur, d'autre : Et encore entre les Religieux, Prieur & Convent de S. Germain des Prez, demandeurs en Requête, tendante à fin d'être reçûs Parties intervenantes en ladite Cause, du 4. Février dernier, d'une autre part : Et ledit Guichard défendeur, d'autre, sans que les qualitez puissent nuire ni préjudicier aux Parties. Deffita plaidant pour les Religieux, Prieur & Convent des Célestins de la Ville de Sens, a dit que l'apel est d'une Ordonnance renduë sur Requête par le Bailly de Provins au profit du Curé de Villuis, par laquelle, sans oüir les Parties, il a ajugé par provision audit Curé ce qu'il demandoit, même le sequestre des vertes Dîmes. Au principal, il s'agit de savoir si les terres apartenantes au Curé, sont exemptes des Dîmes, & à qui apartiennent les menuës & vertes Dîmes dans une Paroisse dans laquelle les grosses Dîmes n'apartiennent point au Curé, ains à plusieurs, tant Ecclesiastiques, qu'autres, qui ont chacun des climats separez, dans lesquels ils perçoivent le droit de Dîme. Au regard du premier point, quand la prétention du Curé auroit quelque aparence, à cause de quelques Arrêts, ce ne pouroit être en tout cas que pour les terres de l'ancien domaine & fondation de la Cure, & non pour raison de celles qui depuis ont été données à ladite Cure pour fonder des Obits, & autres Prieres ou autres Aumônes. Au regard de l'autre question, il faut considerer qu'il y a deux sortes de menuës Dîmes; les unes des Agneaux, Cochons & autres animaux qui croissent dans les cours; les autres apellées vertes Dîmes, qui se payent de légumes, comme Pois, Féves, Chanvre, & autres fruits qui croissent sur les terres, & dans les enclos & jardins, ou ailleurs, selon que les Habitans le trouvent à propos. A l'égard de la premiere espece des menuës Dîmes desdits bestiaux croissans dans les cours, elle peut être prétenduë par les Curez à l'exclusion des Décimateurs, sinon és lieux esquels les Décimateurs sont Curez primitifs, & en possession de percevoir toutes sortes de Dîmes de quelque nature qu'elles puissent être. Mais quant à la seconde espece des menuës Dîmes des légumes & autres fruits dont la Dîme est dûë, elle apartient aux Décimateurs chacun dans son détroit & climat, principalement quand les Dîmes sont séparées par climats & cantons, ainsi qu'au fait particulier; car en ce cas, chaque Décimateur a la Dîme de tous les fruits indistinctement sur toutes les terres de son climat ou canton, autrement il seroit au pouvoir des possesseurs desdites terres, de frustrer ledit Décimateur de son droit de Dîme, en semant sur son heritage des légumes & autres choses que des grains. Partant conclu à ce qu'en infirmant la Sentence dont est apel, & évoquant le principal, lesdits Célestins soient maintenus & gardez en la possession & joüissance du droit de Dîme de toutes sortes de grains & fruits de quelque nature qu'ils soient, croissans sur toutes les terres du climat & canton dont la Dîme apartient ausdits Célestins. Richer Avocat des Religieux de S. Germain, a conclu en son intervention, comme Seigneur en partie des Dîmes de la Paroisse de Villuis, & pour moyens, employe ce qui a été dit par Deffita. Chenuot a dit qu'il consent l'évocation, sa Partie est Curé de Villuis, non Vicaire perpetuel; ne sont les apellans ni intervenans Curez primitifs ni presentateurs, mais gros Décimateurs en quelques cantons réglez par des Transactions qui ne parlent que de grosses Dîmes, & non de menuës. Que le Curé est en possession d'en joüir en toute l'étenduë de sa Paroisse, ainsi qu'il le justifie par les anciens Baux & nouveaux qu'il a en main, qu'il les peut recuëillir dans les triages des apellans, parce que les menuës Dîmes sont personnelles, dûës pour l'administration des Sacremens à l'Eglise baptismale; & comme il faut que le Curé porte les Sacremens en la maison nouvellement bâtie, ainsi les menuës Dîmes lui doivent être payées. Que l'objection qu'il y avoit auparavant des fruits sujets à la grosse Dîme, n'est considérable, parce qu'en matiere de Dîme, il n'y a point de subrogation. Ce n'est le fonds qui est décimal, mais la superficie. Ce n'est la terre qui doit la Dîme, mais la semence. Ainsi, toutes les fois qu'il se trouvera des fruits sujets aux menuës Dîmes, ils lui apartiennent, encore qu'ils soient crûs dans les triages des apellans. Et pour les terres du domaine de la Cure, qui consistent en un labourage de trente-huit à quarante arpens éparts en divers triages, il n'en doit point de Dîmes; & si ses Prédecesseurs ont été faciles à les payer, ils ne lui ont pû faire préjudice, si les apellans les ont perçûës: C'est une usurpation, une exaction contre la disposition Canonique, & celle des Arrêts dont il a nombre en main. Conclu à ce qu'il soit maintenu & gardé en la possession de percevoir les menuës Dîmes en toute l'étenduë de sa Paroisse, & les terres du domaine de la Cure déclarées franches, exemptes & déchargées de toute prêtation des Dîmes, à la restitution des fruits, dépens, dommages & interêts. Bignon pour le Procureur General, a dit que la Cause produit deux difficultez. La premiere, de savoir si les terres du domaine du Curé sont sujettes à la prêtation de la Dîme: Et la seconde, si le Curé a droit de percevoir les vertes Dîmes sur les terres de sa Paroisse où il n'est point gros Décimateur. Quant à la premiere question, il y faut faire distinction du domaine de la Cure d'avec celui du Curé. Le premier comprend ce qui est de l'ancienne fondation, & celui-là sans difficulté, comme on est demeuré d'accord, ne peut être sujet à aucune prêtation de Dîme. Le second, qui comprend tout ce qui provient d'ailleurs pour fondation d'Obits ou autrement, n'est point dans cette exemption, & a passé avec sa charge sans aucune diminution du droit auquel il étoit sujet auparavant. La seconde question semble susceptible de plus grande difficulté, par la qualité des grosses Dîmes & de gros Décimateurs, y ayant en aparence quelque sujet de borner leurs prétentions, & les réduire à la perception des gros fruits, & non point

point des menus & verdages qui se recueïllent & consomment le plus souvent avant leur maturité ; & lesquels, comme il a été observé, semblent particulierement affectez à la nouriture & entretien de celui qui a le soin de l'administration des Sacremens, du moins en ce qui en peut revenir de la Dîme, & neanmoins il faut faire difference des menuës d'avec les vertes Dîmes. Les premieres, comme d'Agneaux, Cochons & autres animaux domestiques, & qui croissent dans les cours des Habitans, il est certain que les gros Décimateurs n'y peuvent rien prétendre, & qu'ils apartiennent au Curé à cause de la fonction ; mais si des terres, sur lesquelles *ab antiquo*, on a de coûtume de semer de gros grains, sont ensemencées de Légumes, Chanvre ou autres Grains de cette qualité, il n'y auroit pas d'aparence d'en priver du droit celui qui l'avoit auparavant, son droit est réel, lequel par conséquent se continuë, quelque changement de superficie, ou plûtôt de semence que l'on donne à l'heritage. C'est pourquoi ils estiment qu'il y a lieu, mettant l'apellation & ce, décharger de la prêtation de la Dîme les terres de l'ancienne fondation de l'Eglise, maintenir le Curé au droit de Dîmes sur les animaux croissans és cours & maisons des Habitans ; & sur le surplus, les Parties hors de Cour : LA COUR a mis & met l'apellation & ce dont a été apellé au neant, ayant égard à sa Requête, a évoqué & évoque à elle le principal, & y faisant droit, a déchargé & décharge les terres de l'ancienne fondation de la Cure en question de la prêtation de toutes sortes de Dîmes : A maintenu & gardé, maintient & garde la partie de Chenuot en la possession de percevoir les menuës Dîmes des Agneaux & Cochons, & autres animaux croissans dans les cours & maisons des Habitans de la Paroisse : Et à l'égard des vertes Dîmes, & autres fruits croissans sur les terres où l'on avoit accoûtumé de semer des grains, la Dîme en apartiendra aux gros Décimateurs, chacun dans son triage & canton, & sans dépens. FAIT en Parlement le troisiéme jour de Mars mil six cens quarante-huit. Signé, GUYET.

Arrest du Conseil Privé, qui condamne les Habitans de la Paroisse de Caro, Diocese de saint Malo, de payer la Dîme du Mil, & d'avertir le Recteur avant que d'enlever les Gerbes, du 21. *Avril* 1654.

ARREST DU GRAND CONSEIL,

QUI ajuge aux Curez qui ne sont point Vicaires perpetuels, toutes les Novales & menuës Dîmes dans l'étenduë de leurs Paroisses, nonobstant les privileges accordez à l'Ordre de Malthe.

Du 31. Mars 1655.

LOUIS par la grace de Dieu Roy de France & de Navarre: A tous ceux qui ces presentes Lettres verront, Salut. SÇAVOIR FAISONS; Comme par Arrest cejourd'hui donné en nôtre Grand Conseil, entre nôtre bien amé Maître Mathias du Pont Prêtre, Curé de Barbonne, demandeur & requerant l'enterinement des Lettres en forme de Requête Civile, du 3. Juin 1654. Ce faisant, qu'il soit remis en tel état qu'il étoit auparavant l'Arrest de nôtre Conseil du dernier Mars audit an, d'une part: Et Frere Jean de Hautesens Desclusеaux, Chevalier de l'Ordre de S. Jean de Jerusalem, Agent general de l'Ordre de Malthe en France, ayant repris le Procés au lieu de Frere François-Alexandre Delbenne, vivant Chevalier dudit Ordre, Procureur & Receveur du commun tresor dudit Ordre, au grand Prieuré de France, défendeur, d'autre: Et entre Frere François de Broc-Cinq-Mars, Chevalier dudit Ordre, Procureur & Receveur general du commun tresor audit grand Prieuré, ayant repris le Procés au lieu dudit Desclusеaux, d'une part: Et ledit du Pont, défendeur, d'autre. VEU par nôtredit Grand Conseil, les écritures desdites Parties, lesdites Lettres & Requêtes. Ledit Arrest de nôtre Grand Conseil, par lequel entr'autres choses, ledit Delbenne audit nom, auroit été maintenu & gardé en la possession & joüissance de prendre & percevoir les quatre parts, dont les cinq font le tout, tant des grosses que des menuës Dîmes & Novales dans l'étenduë de ladite Paroisse de Barbonne, ledit du Pont, la cinquiéme partie, si mieux n'aimoit ledit du Pont recevoir la somme de vingt livres, conformément à la Transaction du 8. May 1573. Ledit du Pont condamné rendre & restituer à Nicole Demeufve, veuve de Charles Boulé, ou ses Sous-Fermiers, les fruits qu'il auroit pris & perçûs pendant les années 1652. & 1653. outre & pardessus la cinquiéme partie desdites Dîmes, du 30. Mars 1654. Productions desdites Parties, sur lesquelles ledit Arrest seroit intervenu. Arrest de nôtre Parlement de Paris, donné entre Charles Pelin Curé de l'Eglise Paroissiale de saint Non; & Maître Philippes des Portes, Abé de l'Abaye du Vaux de Cernay, par lequel lesdits Abé & Curé sont maintenus & gardez en la possession & joüissance de prendre & percevoir chacun par moitié les grosses Dîmes de ladite Paroisse de saint Non; & outre ledit Curé maintenu & gardé en la possession & joüissance, de prendre & percevoir toutes & chacunes les menuës Dîmes & Novales de ladite Paroisse, du 2. Decembre 1600. Autre Arrest de nôtre Parlement de Paris, donné entre Guyon & Nolevars Curé de la Forestiere, d'une part; & Guillaume Bertrand & François Demeufve, Fermiers de la Commanderie de Barbonne; & Frere Jacques du Roussel de Mesdavid, Commandeur de ladite Commanderie, par lequel les Parties auroient été mises en tel état qu'elles étoient auparavant la Transaction du 13. Juillet 1613. & ledit Curé maintenu & gardé en la possession & joüissance de toutes les Dîmes de ladite Paroisse de la Forestiere, du 9. Septembre 1630. Copie collationnée des écritures fournies en l'Officialité de sainte Geneviéve, Juge des Exempts, sur la demande faite par Sebastien Symart, Curé dudit Barbonne, contre François Salviati Chevalier, Commandateur de ladite Commanderie de Barbonne, concernant toutes les Dîmes & Novales de ladite Paroisse, du 25. Juillet 1573. Autre Copie collationnée de Transaction passée entre Alderic de Lorraine, comme Procureur, ayant charge du Sieur de Salviati, Commandeur de ladite Commanderie de Barbonne, d'une part; & ledit Symart, d'autre; par lequel apert entr'autres choses avoir été accordé, tant pour Portion Congruë, que pour les Novales de ladite Paroisse, la somme de vingt livres audit Symart, & ledit Symart s'être desisté dudit Procés, & de tout le droit qu'il pouvoit prendre ausdites Novales, du 28. Avril 1573. Extrait & Collation de l'Official de Paris des années 1530. & 1560. de la Bulle d'Honorius III. de l'an 1225. par laquelle il permet aux Templiers de prendre les Novales dans leurs Paroisses, pour telle part & portion qu'ils perçoivent les anciennes. Autre Bulle du Pape

Alexandre IV. par laquelle en confirmant les Privileges donnez sur la perception des Novales, il permet ausdits Hospitaliers de prendre lesdites Novales où ils prennent les anciennes Dîmes, du 6. Mars 1256. Bulle de Clement V. par laquelle apert de l'extinction de l'Ordre des Templiers & union de leurs biens & privileges audit Ordre de saint Jean de Jerusalem, de l'année 1313. Copie collationnée de Lettres Patentes de Philippes le Bel, par lesquelles conformément ausdites Bulles, il donne tous les biens & privileges desdits Templiers audit Ordre de saint Jean de Jerusalem, du 28. Mars 1312. Arrest de nôtre Parlement de Paris, confirmatif desdites Bulles & Lettres Patentes, par lequel conformément à icelles, tous les biens & privileges desdits Templiers ont été unis & transferez audit Ordre de saint Jean de Jerusalem, en l'an 1312. Autre Bulle du Pape Alexandre V. confirmative desdits Privileges de l'an 1409. Autre Bulle de Clement VII. portant confirmation desdits Privileges audit Ordre, de l'an 1523. Autre Bulle de Paul III. par laquelle il permet conformément aux autres Bulles qu'il confirme, ausdits Religieux de saint Jean de Jerusalem, de prendre & percevoir les Novales pour la part & portion qu'ils ont aux anciennes Dîmes, du 2. Juin 1539. Autre Bulle de Pie IV. par laquelle il confirme tous lesdits Privileges accordez audit Ordre par les Papes y dénommez : Veut & entend qu'en toutes les Paroisses & autres lieux où ils perçoivent les Dîmes anciennes, ils ayent droit de prendre les Novales pour telle part qu'ils perçoivent les anciennes Dîmes, de l'an 1560. Arrest de nôtre Parlement de Paris, par lequel Frere Julien du Four, Curé de sainte Geneviéve de Courbet ; & les Religieux, Abé & Convent de saint Pierre de Chaulnes, auroient été maintenus & gardez respectivement en la possession & joüissance chacun pour la moitié des Dîmes Novales, des terres y déclarées, du 13. Aoust 1641. Autre Arrest de nôtre Parlement de Paris, par lequel entr'autres choses Adrien Raguet, Curé d'Espinoy lés Lusarches, auroit été maintenu en la possession & joüissance de toutes les menuës Dîmes de la Paroisse & territoire dudit Espinoy, & lieux en dépendans ; & le Chapitre dudit Lusarches, aussi maintenu & gardé en la possession & joüissance, tant des grosses Dîmes que Novales, desdites Terres & Village d'Espinoy, du 2. Mars 1587. Copie collationnée d'un Contrat de Transaction passée entre Jean Richard Curé de Thorée, & Frere François de Marans, Chevalier dudit Ordre de S. Jean de Jerusalem, Commandeur dudit Thorée, d'autre part; lesquels aprés avoir convenu entr'eux, qu'ils joüiroient & percevroient les Novales & Dîmes des lieux désignez & déclarez par ladite Transaction, du 4. Janvier 1460. Arrest de nôtre Parlement de Paris, par lequel auroit été ordonné que ladite Transaction du 4. Janvier 1460. sera entretenuë suivant sa forme & teneur, fors & réservé pour le regard des Dîmes, tant anciennes que nouvelles du vin croissant en ladite Paroisse de Thorée, qui seroient prises par ledit Commandeur, & le Curé dudit Thorée sur les vignes qui étoient en leurs départemens & partitions, sans qu'à l'avenir elles se partagent entr'eux par moitié, du 31. Aoust 1602. Arrest & Réglement de nôtredit Conseil, du 13. Decembre 1654. & 12. Février 1635. Contredits desdites Parties, & tout ce que par icelles a été mis, écrit & produit pardevers nôtredit Conseil. Conclusions de nôtre Procureur General. ICELUY NÔTREDIT GRAND CONSEIL, faisant droit sur les Instances, ayant égard ausdites Lettres & Requête Civile, a mis & met lesdites Parties en tel état qu'elles étoient auparavant l'Arrest d'icelui, du 31. Mars 1654. en ce que par ledit Arrest, nôtredit Grand Conseil auroit maintenu & gardé Frere Alexandre Delbenne, Religieux de l'Ordre de S. Jean de Jerusalem, en la possession & joüissance de prendre & percevoir les quatre parties, tant des menuës Dîmes, que des Novales de ladite Paroisse de Barbonne; & ledit du Pont condamné rendre & restituer audit Delbenne les fruits par lui pris desdites Novales, en vertu de l'Arrest de nôtredit Conseil rendu par provision le 5. Juillet 1633. Ce faisant, a maintenu & gardé, maintient & garde définitivement ledit du Pont en la possession & joüissance, tant des menuës Dîmes que des Novales des terres défrichées depuis 40. années jusques au jour de la demande faite par ledit du Pont, desdites Novales de ladite Paroisse de Barbonne: A condamné & condamne ledit de Brocq-Cinq-Mars, rendre & restituer audit du Pont les fruits desdites Novales perçûs dudit du Pont par ledit Delbenne ou ses Fermiers, depuis & en execution dudit Arrest de nôtredit Conseil, du 31. Mars 1654. & sans dépens entre lesd. Parties. SI DONNONS EN MANDEMENT, &c. DONNE' en nôtredit Grand Conseil le 31. Mars, l'an de grace 1655. Montré à nôtredit Procureur General, & prononcé aux Procureurs desd. Parties, à Paris le 12. Avril audit an, & de nôtre Régne le 12. Et scellé.

ARREST DU PARLEMENT,

QUI maintient les Curez en la joüissance des Dîmes, nonobstant la possession immemoriale des Seigneurs, si elle n'est revêtuë de Titres ou anciens Aveux.

Du 31. Aoust 1658.

ENTRE Maître Leonard de la Grange Prêtre, Bachelier en Theologie, & Curé de la Paroisse de Pierre-Buffiere en Limosin, oposant afin de distraire aux criées de la Terre & Seigneurie de Pierre-Buffiere, d'unepart ; & Messire Charles-Antoine de Sauve-Bœuf, au nom & comme pere & loyal administrateur de ses enfans, & de défunte Dame Claude des Roziers sa femme ; iceux enfans donataires de Messire Charles de Ferrieres, Abé & Baron de Beze, heritier sous benefice d'inventaire de défunte Dame Marguerite de Pierre-Buffiere, Partie saisie ; & Maître Blaise Beaubreüil Avocat en la Cour, poursuivant lesdites criées, & défendeur, d'autre. VEU par la Cour en la Chambre de l'Edit, l'Arrest du 16. May 1654. par lequel auroit été ordonné que l'oposition afin de distraire, formée par ledit de la Grange ausdites saisies & criées de ladite Terre & Seigneurie de Pierre-Buffiere, seroit reçûë. Acte d'oposition reçûë en consequence au Greffe de ladite Cour, le 6. Avril 1655. Causes d'oposition dudit de la Grange, à ce qu'il fût ordonné que distraction seroit faite desdites saisies & criées de toutes les Dîmes, tant anciennes que nouvelles, generalement quelconques, en toute l'étenduë de la Paroisse de Pierre-Buffiere : Ce faisant, que les Fermiers Commissaires établis au régime & gouvernement de ladite Terre, seroient tenus de lui rendre & payer les Dîmes par eux reçûës depuis le jour & datte de ses Provisions de la Cure de ladite Paroisse de Bierre-Buffiere : A ce faire contraints par toutes voyes dûës & raisonnables, même par corps, comme dépositaires de biens de Justice, & les défendeurs condamnez aux dépens. Réponſes dudit de Ferrieres audit nom ; Apointement à produire, bailler ; contredits & ſalvations, du 13. Mars audit an 1655. Productions deſdits de la Grange & de Ferrieres, & leurs Requêtes reſpectivement employées pour contredits. Forcluſions de fournir de réponſes à cauſe d'opoſition, produire & contredire par ledit de Beaubreüil audit nom ; Arreſt du 19. Février 1650. par lequel auroit été ordonné que dans trois ſemaines, du jour de la ſignification d'icelui au Procureur dudit de Ferrieres, il ſeroit procedé au compulſoire & collation des Pieces en queſtion, autrement ſeroit paſſé outre au Jugement de l'Inſtance ſur ce qui ſe trouveroit pardevers la Cour en vertu d'iceux. Forcluſions d'y ſatisfaire par ledit de Ferrieres. Contredits & Requête dudit de la Grange, employée pour contredits à icelles. Salvations & Requête dudit de Ferrieres, employée pour ſalvations. Autre production nouvelle dudit de la Grange. Requête dudit de Ferrieres, employée pour contredits à icelles. Salvations dudit de la Grange. Arrêts des 8. Janvier & 11. dudit mois de Février 1656. Par le premier deſquels, acte auroit été donné audit de Ferrieres, de ce qu'il prenoit la demande dudit de la Grange pour trouble : Et en conſequence ſur la complainte les Parties auroient été apointées contraires à écrire par interdits : Et par le ſecond entr'autres choſes, qu'aprés la déclaration dudit de la Grange, qu'il n'entendoit conteſter que ledit de Ferrieres audit nom, ne fût en poſſeſſion réelle & actuelle deſdites Dîmes ; & de ce que les concluſions priſes par leſdites cauſes d'opoſitions, n'étoient fondées que ſur ſon titre de Curé, & ſur le droit commun, ſoûtenant que la joüiſſance du droit de Ferrieres n'étoit qu'une uſurpation, auroit été ordonné qu'il ſeroit paſſé outre au Jugement de l'Inſtance, nonobſtant le Réglement de contrarieté. Requête dudit de Ferrieres audit nom, du 24. Mars audit an 1656. & Pieces jointes à icelle avec leſdits Arrêts, à ce qu'il fût ordonné que leſdites demandes en complaintes & pourſuites faites ſur icelles ; Arrêts des 8. Janvier & 11. Février ; les faits & intendits fournis par ledit de Ferrieres, par leſquels ſa poſſeſſion étoit articulée immemoriale, & non ſelon que ledit de la Grange avoit avancé, demeureroient jointes à l'Inſtance, le tout en attendant les Aveux des Sieurs de Pierre-Buffiere, que ledit de Ferrieres avoit envoyé compulſer en Bearn. Ce faiſant, qu'icelui de Ferrieres fût renvoyé abſous de la demande & prétention dudit de la Grange, avec dépens. Ladite Requête signifiée & mise au sac de l'Ordonnance de ladite Cour. Arrest du 7. Septembre 1657. par lequel ledit de la Grange auroit été maintenu & gardé en la possession & joüissance des Dîmes Novales dans toute l'étenduë de ladite Paroisse de Pierre-Buffiere, & défenses audit de Ferrieres & tous autres, de l'y troubler à l'avenir; & avant faire droit sur le surplus de la demande dudit de la Grange, concernant les Dîmes anciennes, Ordonne que dans le lendemain S. Martin, ledit de Ferrieres feroit apeller le Prevost dudit Pierre-Buffiere, pour prendre communication de ladite Instance, & y dire ce que bon lui sembleroit, & raporteroit dans ledit tems qu'icelui de Ferrieres, les Aveux de ladite Terre de Pierre-Buffiere: Autres Titres, en vertu desquels il prétendoit lesdites Dîmes lui apartenir, dépens réservez. Autre Arrest du 28. May 1658. par lequel ledit de Ferrieres audit nom, auroit été condamné satisfaire au précedent Arrest du 7. Septembre 1657. dans deux mois pour toutes préfixions & delais; autrement ordonné qu'il seroit passé outre au Jugement du Procés en vertu d'icelui. Forclusions de satisfaire ausdits Arrêts par ledit de Ferrieres. Autre Arrest du 3. Aoust dernier, donné contre ledit de Ferrieres audit nom, demandeur en Requête du premier dudit mois d'Aoust, à ce qu'il lui fût pourvû d'un delai de trois mois, ou tel autre tems qu'il plairoit à la Cour ordonner, pour faire r'assigner le Prevost de Pierre-Buffiere, en vertu du défaut par lui obtenu, & jusques à ce sursis au Jugement de l'Instance d'entre les Parties, d'une part; & ledit de la Grange, défendeur, d'autre, par lequel ledit de Ferrieres auroit été debouté de sadite Requête, & condamné aux dépens liquidez à quatre livres parisis. Acte de redistribution de l'Instance, signifié le 12. Avril audit an 1658. Tout joint & consideré; DIT A ESTE', que ladite Cour faisant droit sur l'oposition dudit de la Grange, l'a maintenu & gardé en la possession & joüissance de toutes les Dîmes, tant anciennes que Novales, generalement quelconques, en toute l'étenduë de la Paroisse de Pierre-Buffiere. Ordonne que distraction sera faite d'icelle desdites saisies & criées de la Terre de Pierre-Buffiere: Ce faisant, les Fermiers & Commissaires établis au régime & gouvernement de ladite Terre, seront tenus de lui rendre & payer les Dîmes par eux reçûës depuis le jour de la demande jusqu'au jusqu'au jour du present Arrest ; à ce faire contraints par toutes voyes dûës & raisonnables, même par corps, comme dépositaires de biens de Justice ; ce faisant, déchargez, condamne les défendeurs aux dépens. Prononcé le treiziéme Aoust 1658. Signé, Du Tillet.

ARREST DU PARLEMENT,

Qui maintient les Curez en la joüissance des Novales, menuës Dîmes & nourritures, & en l'exemption des Dîmes des domaines de leurs Cures.

Du 20. Mars 1663.

LOUIS par la grace de Dieu Roy de France & de Navarre : Au premier des Huissiers de nôtre Cour de Parlement, ou autre nôtre Huissier ou Sergent sur ce requis, Salut. Comme le jour & datte des Presentes, comparans en nôtredite Cour Maître Christophe Philipon Prêtre, Curé de Montigny, & Pierre Guerin Prêtre, Curé de Jaulne, apellans de l'octroy des Lettres de Garde-Gardienne, obtenuës par les Doyen, Chanoines & Chapitre de l'Eglise Metropolitaine S. Etienne de Sens, & de la clause y aposée. Exploits d'assignations données ausdits Philipon & Guerin en vertu d'icelles, le 11. Juillet 1650. Sentence des Présidiaux de ladite Ville de Sens, du 14. dudit mois de Juillet, tant comme Juges incompetens, qu'autrement, d'une part ; & lesdits Doyen, Chanoines & Chapitre de ladite Eglise de Sens, intimez : Et entre ledit Guerin, demandeur en Lettres par lui obtenuës en la Chancellerie, le 17. Mars 1651. & lesdits Doyen, Chanoines & Chapitre de Sens, défendeurs : Et entre les Prêtres de la Societé de Jesus, établis au College de ladite Ville de Sens, intervenans suivant leur Requête du 5. Aoust 1653. Et lesdits Doyen, Chanoines & Chapitre, Philipon & Guerin, défendeurs : Et entre Maître Nicolas Souchoy Prêtre, à present Curé de ladite Paroisse de Jaulne, subrogé aux droits dudit Guerin, & ayant repris les Instances en son lieu, par Arrest du 13. Aoust 1654. demandeur aux fins de la Requête par lui presentée à ladite Cour, le 2. Septembre 1660. Et lesdits Doyen, Chanoines & Chapitre de Sens, défendeurs, d'autre. Veu par nôtredite Cour les Instances d'entre les Parties disjointes & renvoyées en icelle, par Arrest de nôtre Conseil du 27. Février 1663. & retenuës par autre Arrest du 5. Mars audit an. Lesdites Lettres de Garde-Gardienne, & Exploits d'assignations données ausdits Philipon & Guerin, en vertu d'icelles, pardevant le Bailly de Sens, ou son Lieutenant, le 11. Juillet 1650. Les deux Sentences dont est apel du 14. dudit mois de Juillet, données par défaut. La premiere contre ledit Guerin, par laquelle lesdits Doyen, Chanoines & Chapitre auroient été maintenus & gardez en la possession de prendre toutes Dîmes de la Paroisse de Jaulne, aux termes de la Transaction passée entr'eux & ledit Guerin, le 7. Février 1648. Défenses faites audit Guerin & tous autres, de les troubler. La seconde contre ledit Philipon, par laquelle lesdits Doyen, Chanoines & Chapitre, auroient été aussi maintenus & gardez en la possession & joüissance des menuës Dîmes de la Paroisse de Montigny, tant en Grains que d'Agneaux. Défenses audit Philipon & tous autres, de les y troubler; & pour l'avoir fait, condamnez rendre & restituer ce qui se trouveroit avoir été exigé; lesdits Guerin & Philipon condamnez és dépens, & ordonné que lesdites Sentences s'executeroient, nonobstant opositions ou apellations quelconques, & sans préjudice d'icelles. Arrest d'Apointé au Conseil, du 26. Juin 1651. Causes d'apel desdits Guerin & Philipon, contenans leurs conclusions, à ce qu'il fût dit mal jugé; émendant, qu'ils seroient maintenus & gardez en la possession & joüissance des Dîmes Novales, menuës Dîmes & nourritures. Et que toutes les terres des domaines de leurs Cures demeureroient exemptes des Dîmes, & lesdits de Chapitre condamnez rendre ce qu'ils en avoient reçû, & aux dépens des Causes principales & d'apel. Réponses ausdites Causes d'apel. Productions, contredits des Parties, & salvations desdits de Chapitre, suivant l'Arrest du 26. Juin 1652. Lesdites Lettres du 17. Mars 1651. obtenuës par ledit Guerin contre ladite Transaction passée entre lui & lesdits de Chapitre, le 7. Février 1648. à ce que les Parties fussent remises en pareil état qu'elles étoient auparavant; & en consequence les conclusions prises par ledit Guerin sur son apel à lui ajugées, avec dépens. Défenses. Apointement en droit, du 14. Mars 1652. Productions & contredits des Parties, suivant ledit Arrest du 26. Juin audit an. Production nouvelle desdits de Chapitre, suivant leur Requête du 8. Juin 1653. Requête desdits Philipon & Guerin, employée pour contredits contre icelle. Ladite Requête, du 5. Aoust 1655. sur laquelle lesdits Jesuites avoient été reçûs Parties intervenantes. Arrest du 6. dudit mois, à bailler moyens, réponses, & produire moyens d'intervention; & Requête desdits de Chapitre, employée pour réponses. Productions d'iceux Guerin, Philipon & Jesuites, & Requête desdits de Chapitre, employée pour production. Autre Requête desdits Jesuites, employée pour contredits. Forclusions d'en fournir par lesdits de Chapitre, Philipon & Guerin, suivant ledit Arrest du 26. Juin 1652. déclaré commun. Arrest du 21. Aoust 1660. par lequel auroit été ordonné que dans trois jours, aprés la signification au Procureur desdits de Chapitre, ils seroient tenus remettre és mains du Conseiller-Raporteur, les Originaux des Pieces des années 1162. & 4. Janvier 1208. par eux produites sur les apellations desdits Philipon & Guerin, sous la cotte C. premiere & deuxiéme, & qu'ils avoient depuis retirées de leurs productions, sinon faute de ce faire dans ledit tems, qu'il seroit passé outre au jugement de l'Instance d'entre les Parties, & foi ajoûtée aux énonciations & inductions faites & tirées desdites Pieces par les contredits desdits Philipon & Guerin, & à l'Extrait d'icelles dudit Conseiller, comme aux Originaux, pour en jugeant y avoir tel égard que de raison. Signification dudit Arrest. Ladite Requête & demande dudit Souchoy, du 2. Septembre audit an 1660. à ce qu'il fût ordonné qu'il leveroit & percevroit à l'avenir toutes les Dîmes de sa Paroisse de Jaulne, à la charge d'en rendre la moitié ausdits de Chapitre, suivant leurs Titres; & que défenses leur seroient faites de le troubler en la perception d'iceux, & condamnez aux dépens. Défenses, repliques; apointement en droit, du 30. Avril 1661. Productions des Parties. Contredits dudit Souchoy, & Requête desdits de Chapitre, employée pour contredits, suivant ledit Arrest du 26. Juin 1652. déclaré commun. Requête dudit Souchoy du 7. Mars 1663. à ce qu'entant que besoin seroit, il lui fût donné Acte de la déclaration qu'il faisoit, que où il se trouveroit dans aucunes des procedures de l'Instance, que ledit Guerin fût compris comme apellant desdites Lettres-Gardiennes desdits de Chapitre, ledit Souchoy ne vouloit ni entendoit contester leur privilege sur les Justiciables dépendans du Bailliage de Sens, ni autrement; & en consequence, faisant droit sur l'apel interjetté par ledit Guerin de ladite Sentence du 14. Juillet 1650. les conclusions qu'il y avoit prises seroient faites & ajugées audit Souchoy : Ladite Requête signifiée à Partie de l'Ordonnance de ladite Cour. Production nouvelle dudit Souchoy, suivant sa Requête du 8. Aoust 1661. Requête desdits de Chapitre, employée pour contredits contre icelle. Acte de redistribution. Conclusions de nôtre Procureur General : Le tout joint & consideré ; NÔTREDITE COUR, sans s'arrêter à l'intervention, ayant égard aux Lettres obtenuës par ledit Guerin, & icelles entérinant, a remis & remet les Parties en l'état qu'elles étoient auparavant la Transaction du 7. Février 1648. ce faisant, entant que touche l'apel des Sentences du 14. Juillet 1650. a mis les apellations, & ce dont a été apellé au néant ; émendant, a maintenu & gardé, maintient & garde les Curez desdites Paroisses de Jaulne & Montigny en la possession & joüissance des Novales, menuës Dîmes & nourritures, & de l'exemption des Dîmes des Terres des domaines de leurs Cures ; & sur l'apel desdites Lettres de Garde-Gardienne, & demandes dudit Souchoy, du 2. Septembre 1660. les Parties hors de Cour & de Procés ; le tout sans dépens. SI te mandons à la requête desdits Curez de Jaulne & Montigny, le present Arrest mettre à dûë & entiere execution, selon sa forme & teneur : De ce faire te donnons pouvoir. DONNE' à Paris en nôtredite Cour le vingtiéme Mars 1663. Et de nôtre Régne le vingt-uniéme. Par la Chambre, signé, DU TILLET.

ARREST DU PARLEMENT,

Qui maintient les Curez en la joüissance des Novales & Terres défrichées & mises en labour depuis quarante ans ; Ensemble des menuës & vertes Dîmes des enclos & jardins.

Du 30. *Juin* 1663.

LOUIS par la grace de Dieu Roy de France & de Navarre: Au premier des Huissiers de nôtre Cour de Parlement, où autre nôtre Huissier ou Sergent sur ce requis, Salut. Comme le jour & datte des Presentes, & comparans en nôtredite Cour Maître Lupin Bordelay, Antoine Cousture, Nicolas Durant, Laurent Dubois, Claude Guillaume, Sebastien Vallée, Pierre Nannot, Philippes Barbier & Jean Macquin, fils de Claude, demeurans en la Paroisse des Ormes, Admodiateurs des grandes Dîmes de ladite Paroisse, apellans, tant comme de Juge incompetent qu'autrement, d'une Ordonnance du Bailly de Bray sur Seine, étant au bas d'une Requête; portant permission de saisir, sequestrer, informer, information, & de tout ce qui s'en est ensuivi, d'une part : Et Maître Loüis Macquin Prêtre, Curé de ladite Paroisse des Ormes, intimé, d'autre : Et entre ledit Macquin, demandeur aux fins de la Requête par lui presentée à nôtredite Cour le vingtiéme Decembre 1660. d'une part : Et Messire Auguste de Thou, Prieur du Prieuré de S. Sauveur : les Doyen, Chanoines & Chapitre de l'Eglise Royale & Collegiale de S. Quiriace de Provins : Et les Religieuses, Abesse & Convent de Joüars, prenant le fait & cause desdits Durant, Cousture, Dubois, Bordelay, Macquin, Vallée, Guillaume, Barbier & Nannot, esdits noms, défendeurs, d'autre. Veu par nôtredite Cour ladite Ordonnance dont est apel, du 7. Juillet 1659. aposée au bas de la Requête presentée audit Bailly de Bray sur Seine, ou son Lieutenant, par ledit Macquin Curé de ladite Paroisse des Ormes; portant, que lesdits Cousture, & autres Fermiers des grandes Dîmes de ladite

Paroiſſe, ſeroient apellez ; & cependant par proviſion, ayant égard à la qualité de la matiere & des Parties, ordonner que les menuës & vertes Dîmes, les Novales & Dîmes des terres du domaine de ladite Cure des Ormes, ſeroient ſequeſtrées & miſes entre les mains d'un gardien ſolvable, à la conſervation des droits de qui il apartiendroit ; & ſeroit ladite Ordonnance executée, nonobſtant opoſitions ou apellations quelconques, & ſans préjudice d'icelles. Saiſie, ſequeſtre & établiſſement de Commiſſaire, du huitiéme dudit mois de Juillet audit an, dont eſt auſſi apel. Arreſt d'Apointé au Conſeil, du 28. Juin 1660. Production dudit intimé. Forcluſions de fournir des cauſes d'apel, produire & contredire par les apellans, ſuivant l'Arreſt à contredit du 19. Mars 1663. Ladite Requête dudit Macquin, dudit jour 20. Decembre 1660. à ce qu'attendu que l'apel de ladite Ordonnance du ſeptiéme Juillet, ne pouvoit être jugé avec connoiſſance de cauſe, ſans que la demande portée par ladite Requête eût été inſtruite, comme inſéparable, il plût à ladite Cour évoquer ladite demande faite contre leſdits Bordelay & conſors ; & ſubordinement, attendu que leſdits de Thou, Chanoines de S. Quiriace, & Religieuſes de Joüars ſont Parties principales, ordonner avec eux, que défenſes leur ſeroient faites de lever au dedans de ladite Paroiſſe des Ormes, les menuës & les vertes Dîmes, & les Dîmes de Novales és terres défrichées, mêmes celles des terres de l'ancien domaine de ladite Cure des Ormes, à peine de tous dépens, dommages & interêts & dépens de l'Inſtance. Défenſes deſdits de Thou, Chapitre & Religieuſes, des 26. Janvier & 9. Avril 1661. & un Apointement en droit à écrire, produire & joint, du onziéme Février audit an. Avertiſſement du demandeur, ſuivant ledit Arreſt à contredire. Forcluſions d'en fournir par leſdits de Thou, Chapitre S. Quiriace, & Religieuſes de Joüars. Concluſions du Procureur General du Roy ; Et tout conſideré : AIT ESTE' DIT, que nôtredite Cour a mis & met l'apellation, & ce dont a été apellé au neant ; émendant, faiſant droit ſur ladite Requête du 20. Decembre 1660. a maintenu & gardé ledit Macquin Curé, en la poſſeſſion & joüiſſance des Novales & terres défrichées & miſes en labour depuis quarante ans ; enſemble des menuës Dîmes, des Agneaux, Cochons, & autres animaux croiſſans dans l'étenduë de ladite Paroiſſe des Ormes, & des menuës & vertes Dîmes des enclos & jardins d'icelle : Et en outre, les terres de l'ancienne fondation de ladite Cure, déchargées de la prêtation de toutes sortes de Dîmes. Ordonne que ce qui en a été pris & perçû depuis le Procés, lui sera rendu & restitué; condamne les défendeurs és dépens. Si te mandons & commettons, à la requête dudit Macquin, mettre le present Arrest à dûë & entiere execution, selon sa forme & teneur : De ce faire, te donnons pouvoir. DONNE' à Paris en nôtredit Parlement, le trentiéme jour de Juin, l'an de grace mil six cens soixante-trois; & de nôtre Régne le vingt-uniéme. Par la Chambre, collationné. Signé Du TILLET. Et scellé.

ARREST DU GRAND CONSEIL

QUI condamne les Habitans à payer la Dîme des Vins en especes; & les oblige d'avertir les Dîmeurs avant que d'enlever les Gerbes.

Du 31. Mars 1664.

LOUIS par la grace de Dieu Roy de France & de Navarre: A tous ceux qui ces presentes Lettres verront, Salut. SÇAVOIR FAISONS, Comme par Arrest cejourd'hui donné en nôtre Grand Conseil, entre nos biens amez les Religieux, Prieur, & Convent de l'Abaye de Montier la Selle, Ordre de S. Benoist, Congregation de S. Vanne & S. Idulphe, demandeurs en Requête & Commission de nôtre Conseil du 16. Juin 1663. tendante afin que les Syndic, Manans & Habitans de la Paroisse de S. André, soient condamnez de leur payer en qualité de Décimateurs de ladite Paroisse, les Dîmes des Vins en espece, ainsi & à la même proportion que des Bleds & autres Grains qui se recueïllent en icelle : Et outre, qu'il soit ordonné que lesdits Religieux, leurs Fermiers à la levée desdites Dîmes de ladite Paroisse, prendroient les Gerbes qui écherroient au compte sans fraude, & sans qu'il soit loisible ausdits Habitans de les choisir; & pour cet effet, qu'incontinent aprés les Gerbes liées sur le champ, on commenceroit à compter par l'un des bouts dudit champ en presence des Moissonneurs, & sans attendre les Proprietaires; & celles qui écherroient au nombre, seroient levées par lesdits Fermiers & Préposez, avec défenses d'enlever aucunes Gerbes de Grains dans les champs, qu'au préalable le droit de Dîmes n'ait été pris & perçû, à peine de cinq cens livres contre chacun des contrevenans, & pour chacune contravention, dépens, dommages & interêts; & pour la contestation faite par lesdits Habitans, qu'ils soient condamnez aux dépens, d'une part: Et lesdits Syndic, Manans & Habitans de ladite Paroisse de saint André, défendeurs, d'autre: Et entre lesdits Syndic, Manans & Habitans, demandeurs & requerans l'enterinement d'une Requête par eux presentée à nôtre Conseil le cinquiéme jour de Février dernier, tendante afin qu'il leur soit donné acte de ce qu'ils mettent en avant, si besoin est, qu'ils sont en bonne possession plus que centenaire & immemoriale, au vû & sçû desdits Religieux de Montier la Selle, de ne payer pour chacun arpent de vigne, que quatre sols; & en conséquence, que lesdits Religieux soient déclarez non recevables en leur demande, qu'ils font de la Dîme en espece, & condamnez en tous leurs dépens, dommages & interêts, d'une part: Et lesdits Religieux, Prieur & Convent de Montier la Selle, défendeurs, d'autre. Et encore entre le Syndic de la Communauté, Manans & Habitans de ladite Paroisse saint André, demandeurs & requerans l'enterinement d'une Requête par eux presentée à nôtre Conseil, du second jour de Mars dernier, tendante afin d'être maintenus & gardez en la possession ancienne plus que centenaire & immemoriale, de ne payer pour la Dîme pour chacun arpent de vigne, que quatre sols, conformément même à l'usage general du Païs, avec condamnation de tous dépens, dommages & interêts; & où nôtre Conseil voudroit être plus amplement informé des faits mentionnez en la Requête du cinquiéme jour de Février, qu'il leur soit permis d'en faire la preuve & la verifier, tant par actes que témoins, pardevant le premier des Conseillers de nôtre Conseil, trouvé sur les lieux; & en son absence, refus ou empêchement, par le premier Juge Royal desdits lieux sur ce requis, pour étant aporté à nôtre Procureur General, être pourvû ainsi que de raison, d'une part: Et lesdits Religieux, Prieur & Convent de Montier la Selle, défendeurs, d'autre part. VEU par nôtredit Grand Conseil les écritures desdites Parties;

Parties ; lesdites Requêtes. Copie d'Arrest obtenu en nôtredit Conseil, tant par les Marguilliers de & Fable, que de ladite Paroisse de S. André, par lequel lesdits Religieux de Montier la Selle auroient été condamnez à faire faire les réparations du tour de l'Eglise Paroissiale dudit S. André, du 14. jour de Juin 1663. Copie imprimée d'autre Arrest de nôtredit Conseil, entre l'Abé de Montieramey, Curé primitif de Savigny, d'une part ; & les Habitans dudit Savigny lés Beaume, par lequel iceux Habitans auroient été condamnez de payer les Dîmes de Vin en espece, nonobstant une possession en laquelle ils étoient depuis plus de trois cens ans, de ne payer que huit sols pour chacun arpent de vigne, du dernier Decembre 1657. Copie imprimée d'Arrest de nôtre Parlement de Paris, contradictoirement rendu entre les Abesse, Religieuses, & Convent de Nôtre-Dame aux Nonnains de Troyes ; & Nicolas Jolly, Mathurin Duquoy, Loüis Bonnefoy, & Jacques Gaulard Prêtre, Chanoine en l'Eglise, & les Habitans du Village de Cromel, apellans d'une Sentence des Requêtes de nôtre Palais, du vingtiéme jour de Janvier 1645. par lequel lesdites apellations auroient été mises au néant ; émendant, lesdits Habitans condamnez payer ausdits Religieux & Chanoines, la Dîme des vignes du territoire dudit Cromel ; sçavoir, quatre sols pour chacun arpent, du 7. jour de Septembre 1644. Commission obtenuë en nôtre Conseil par lesdits Religieux, aux fins d'y faire assigner lesdits Habitans, pour proceder sur les fins & conclusions par eux ci-dessus prises, du 16. jour de Juin 1663. Arrest de rétention de l'Instance, du jour de Arrest de Réglement, du 16. jour de Juin 1663. Contredits desdites Parties : Conclusions de nôtre Procureur General, & tout ce que par lesdites Parties a été mis & produit pardevers nôtredit Conseil. Icelui nôtredit Grand Conseil, sans avoir égard aux Requêtes desdits Syndic & Habitans de ladite Paroisse de S. André, des 4. Février & 11. Mars 1664. faisant droit sur lesdites Instances, a condamné & condamne lesdits Habitans de S. André, payer ausdits Religieux, Prieur & Convent de l'Abaye de Montier la Selle, Ordre de S. Benoist, Congregation de S. Vanne, les Dîmes des Vins en espece, suivant & à pareille raison qu'elles se payent aux Paroisses voisines de celle de S. André qui la paye en espece ; a ordonné & ordonne que lesdits Religieux, Prieur & Convent, leurs Fermiers & Préposez à la levée des Dîmes, prendront les Gerbes qui écherront au compte sans fraude, & sans qu'il soit loisible ausdits Habitans de les choisir ; fait tres-expresses inhibitions & défenses ausdits Habitans d'enlever aucunes Gerbes, que lesdits Religieux ou leurs Préposez n'ayent été avertis, ou le droit pris, à peine de cinquante livres d'amende pour chacune contravention, sans dépens. SI DONNONS EN MANDEMENT, &c. Et faire en outre, pour l'execution des Presentes, tous Exploits de significations, sommations, commandemens, contraintes & autres Actes de Justice requis & necessaires : De ce faire te donnons pouvoir, sans pour ce demander Placet, *Visa*, ne Pareatis. En témoin dequoi Nous avons fait mettre nôtre Scel à cesdites Presentes. DONNÉ en nôtredit Grand Conseil à Paris, le trente-uniéme jour de Mars, l'an de grace 1664. Et de nôtre Régne le vingt-uniéme. Signé, Par le Roy à la relation des Gens de son Grand Conseil, HERBIN, avec paraphe, & scellé du grand Sceau de cire jaune.

ARREST DU PARLEMENT,

POUR le payement de la Dîme des Bois-Taillis, du Sainfoin, des Vins, des Arbres Fruitiers, des Légumes, & autres Grains croissans dans les Clos & Jardins, à l'exception des Potagers.

Du 23. Aoust 1664.

ENTRE Damoiselle Madeleine Bunache, veuve de feu Maître Jean Savary, vivant Conseiller-Secretaire du Roy, & Avocat és Conseils, ayant repris & procedant en son lieu, tant en son nom, que comme tutrice de Marie-Anne & Marie-Ursule Savary, leurs enfans Mineurs, demanderesse au principal évoqué par Arrest du 15. Février 1663. aux fins de la Commission du 11. Février, & Exploit du 29. May 1659. fait à la requête dudit Savary, défenderesse & intimée, d'une part : Et Maître Jacques Langlois Prêtre, Curé de S. Just, défendeur & demandeur audit principal évoqué, suivant la Requête par lui presentée aux Requêtes de l'Hôtel, le 23. Aoust 1660. & apellant des Sentences desdites Requêtes de l'Hôtel, des 8. Novembre 1660. & 10. Janvier 1661. d'autre part : Et entre ledit Langlois, demandeur en reception d'enquête faite en execution de Sentence desdites Requêtes de l'Hôtel, du 18. Septembre 1654. d'une part ; & ladite Bunache esdits noms, défenderesse, d'autre : Et encore entre ledit Langlois, demandeur aux fins de la Commission par lui obtenuë en Chancellerie le 28. Février 1663. d'une part : Et Jacques le Conteux, Marchand Bourgeois de Paris, défendeur, d'autre. VEU par la Cour lesdites Commission & Exploit des 11. Février & 29. May 1659. à ce que ledit Savary *fût déclaré exempt de payer aucun droit de Dime de ses Bois-Taillis, dont il n'avoit jamais rien payé, ni ses prédecesseurs en ladite Terre & Seigneurie de S. Just, & tout ainsi qu'il en avoit bien & duëment joüi & usé jusques alors, sans aucun trouble ni empêchement.* Défenses dudit Langlois contre ladite demande. Sentence desdites Requêtes de l'Hôtel, contradictoirement donnée le 18. Septembre audit an 1659. entre ledit Savary, demandeur aux fins dudit Exploit du 29. May, & suivant la Requête verbale judiciairement faite en plaidant de sa part, défendeur, d'une part : & ledit Langlois, défendeur & demandeur en Requête du 26. Septembre audit an, d'autre ; par laquelle Parties oüies, auroit été ordonné que la Sentence du 5. dudit mois de Septembre, *seroit raportée, défenses de s'en aider ; ce faisant, aprés que ledit Savary auroit soûtenu & mis en fait qu'en ladite Paroisse de S. Just, il ne s'étoit jamais payé de Dime des Bois-Taillis, & que ledit Langlois auroit soûtenu au contraire ; ordonné que les Parties feroient enquêtes respectives dans un mois de l'usage du lieu, pardevant le premier Juge Royal des lieux, non suspect aux Parties, pour l'enquête faite & raportée, être fait droit ainsi que de raison, dépens réservez.* Autre Sentence desdites Requêtes de l'Hôtel, contradictoirement renduë le 6. Octobre audit an 1659. entre ledit Langlois, demandeur en Requête du 27. Septembre audit an, & défendeur, d'une part : Et ledit Savary, défendeur & demandeur en Requête judiciaire énoncée en ladite Sentence, d'autre ; par laquelle, Parties oüies, auroit été ordonné, *Que ladite Sentence du* 18. *Septembre seroit executée, & icelle interprétant, permis ausdites Parties de faire preuves respectives dans le mois, pardevant le Juge commis, de l'usage des lieux circonvoisins, sur le fait articulé pour raison de la prétenduë Dime des Bois-Taillis, mentionnée par ladite Sentence; pour les enquêtes faites, y avoir tel égard que de raison: Et aprés que ledit Savary auroit soûtenu que la Dime de Sainfoin n'étoit que de huit bottes du cent, & que ledit Langlois auroit soûtenu au contraire qu'il s'en payoit neuf bottes dudit cent; les Parties apointées en faits contraires à informer & faire enquêtes de leurs faits pardevant le même Juge, dans ledit delay: Et Acte audit Langlois de la déclaration faite par ledit Savary, que les seize acres de terre qu'il avoit fait planter en bois, auroient été de tout tems en bois; & qu'étant demeurez en friche depuis un tems immemorial, il les avoit fait seulement défricher en l'année 1647. & replanter en même nature de bois.* Comme aussi donné Acte de la déclaration faite par ledit Savary, qu'il employoit pour toute enquête, celle faite à sa requête en vertu de la précedente Sentence, & qui étoit aportée au Greffe desdites Requêtes de l'Hôtel: Tous dépens réservez. Ladite Requête dudit Langlois, dudit jour 23. Aoust 1660. presentée ausdites Requêtes de l'Hôtel, & contenant sa demande audit principal évoqué, à ce qu'il fût ordonné; *Que ledit Savary lui payeroit la Dime, tant de l'année 1659. que de l'année 1660. & des autres suivantes, de ses Grains, Bleds, Avoines, Foins, Fruits, Vins, & autres Grains qui croissent dans ses champs, scis dans le Dimage de la Paroisse de S. Just, que dans ses Clos, lesquels il seroit tenu d'ouvrir audit Langlois Curé ou à ses préposez Dimeurs; comme aussi des Laines & Agneaux, & que ledit Savary payeroit, ainsi qu'il est accoutumé, la Dime des Grains croissans sous les Arbres, & aussi des Fruits desdits Arbres: Que défenses lui seroient faites, à ses domestiques & journaliers, d'aporter aucun trouble par voye de fait, menaces, ou par quelqu'autre maniere que ce soit audit Langlois, ni à ses Dimeurs, de recueillir ses Dimes; & de plus, à l'avenir amoindrir & apetisser les Gerbes, & d'en couper les liens, à peine d'en répondre par ledit Savary en son propre & privé nom: & de n'enlever ses Grains, Fruits & autres choses sujettes à Dime, qu'il ne les ait mis en diseaux, n'ait fait savoir audit Langlois Curé, ou à ses préposez Dimeurs, les lieux & les jours, à peine de tous dépens, dommages & intérêts, conformément & sous les défenses & peines portées par les Déclarations du Roy & Arrests du Parlement : comme aussi, que ledit Savary, conformément aux termes de ses Requestes du neuviéme Decembre & Sentences, il ne pouroit enlever ce qui étoit du bois à couper, qu'auparavant il n'eust averti ledit Langlois, ou ses préposez Dimeurs pour en prendre le compte.* Lesdites Sentences desdites Requêtes de l'Hôtel, dont est apel par ledit Langlois, desdits jours 8. Novembre 1660. & 10. Janvier 1661. La premiere, contradictoirement donnée entre ledit Savary, demandeur en Requête du 27. Octobre audit an 1659. & ledit Langlois, défendeur ; par laquelle les Parties oüies, auroit été ordonné que la Sentence du dix-neuviéme dudit mois seroit raportée ; défenses de s'en aider ; & aprés que *ledit Savary auroit soûtenu & mis en fait qu'il ne devoit point de Dimes de ce qui croissoit dans ses clos & jardins, & que ledit Langlois auroit soûtenu au contraire, que de tout tems il auroit perçu la Dime dans lesdits clos & jardins ; les Parties apointées en faits contraires, à informer & faire preuve d'iceux au mois, pardevant le Juge ci-devant commis, pour le tout fait & raporté, estre ordonné ce que de raison ; & cependant ordonné que ledit Langlois seroit payé des Dimes ordinaires & non contestées, mesme des Foins à raison de huit bottes pour cent, jusqu'à ce qu'autrement en eust été ordonné, dépens reservez.* Et la deuxiéme desdites Sentences donnée entre ledit de Savary, demandeur aux fins de la Requête du septiéme dudit mois de Janvier ; & ledit Langlois, demandeur & défaillant, par laquelle auroit été ordonné, *que la précedente Sentence seroit executée, nonobstant l'apel & sans préjudice d'icelui, dépens reservez.* Ledit Arrest du 15. Février 1663. donné en plaidant, par lequel la Cour sur ledit apel, auroit apointé les Parties au Conseil à bailler causes d'apel, réponses & produire ; & sur le principal, que ladite Cour auroit évoqué du consentement des Parties, en droit, & joint, à écrire, produire, bailler contredits & salvations, & *cependant sans préjudice de leurs droits, ordonné que l'intimé payeroit à l'apellant les Dimes non contestées des années 1659. 1660. 1661. 1662. & 1663. si payées n'avoient été & à l'avenir ; & seroient les Bois-Taillis comptez, prisez & estimez auparavant que d'estre coupez, & ce par gens à ce connoissans, dont les Parties conviendront pardevant le plus prochain Juge Royal des lieux, autrement en seroit par lui pris & nommé d'Office ; le tout jusqu'à ce qu'autrement par ladite Cour en eust été ordonné.* Requêtes respectivement employées pour causes d'apel, & réponses, avertissemens, productions & contredits des Parties. Enquête faite par Maître Claude Goüin Conseiller du Roy, Vicomte de Pacy, Enquêteur & Examinateur en ladite Vicomté, les 18. 19. 20. & 22. Novembre 1659. à la requête dudit Langlois, à l'encontre dudit Savary, en execution de Sentence desdites Requêtes de l'Hôtel du dix-huitiéme Septembre audit an. Procés verbal de ladite Enquête, desdits jours 18. 19. 20. 21. & 22. Novembre. Arrest du 26. Avril 1663. par lequel ladite Enquête auroit été reçûë pour juger, sauf à combatre le Procés verbal d'icelle; & les Parties apointées à oüir droit comme devant, & produire, bailler contredits & salvations dans le tems de l'Ordonnance. Production dudit Langlois. Forclusions de produire & contredire par ladite Bunache. Production nouvelle dudit Langlois, suivant sa Requête du 14. Decembre 1663. Requête de ladite Bunache, employée pour contredits contre icelle. Production nouvelle d'icelle Bunache, suivant sa Requête du 11. Juillet 1664. Contredits dudit Langlois contre icelle. Ladite Commission par ledit Langlois obtenuë en Chancellerie, ledit jour 28. Février 1663. à ce que l'Arrest qui interviendroit en l'Instance d'entre lui & ladite Bunache esdits noms, *soit déclaré commun avec ledit le Conteux; ce faisant, qu'il seroit condamné payer audit Langlois les Dimes des Bois-Taillis, & autres à lui dûs des Fruits, Grains & autres choses sujettes à Dimes, qui croissent sur les heritages dudit Conteux:* Et outre qu'il seroit condamné aux dépens. Défenses dudit le Conteux. Apointement en droit à écrire & produire, du 5. Juin 1663. Productions des Parties. Contredits dudit Langlois, suivant les précedens Arrêts, portant à contredire, déclarez communs sur Requête du 27. Novembre 1663. Forclusions de fournir de contredits par ledit le Conteux; Le tout joint & consideré: DIT A ESTE', *que ladite* COUR *a mis & met l'apellation, & ce dont a été apellé au neant; émendant, faisant droit sur le principal évoqué,* A MAINTENU ET GARDE', *maintient & garde ledit Langlois, Curé de saint Just, au droit de percevoir la Dime sur les heritages, & dans* LES CLOS *apartenans à ladite Bunache, scis dans le dimage de la Paroisse de saint Just, sur les Fruits de toute nature, & Foins, à raison de neuf bottes pour cent, à la charge de payer par lui le liage desdites bottes, & des Vins, Grains & Arbres Fruitiers servans à faire des boissons, ainsi qu'il a* ACCOÛTUMÉ', *& sans* *qu'il puisse prétendre Dime sur les Légumes & Fruits qui se cüeillent dans les Jardins potagers ; il a pareillement* MAINTENU *au droit de Dime* SUR TOUS LES BOIS *apartenans à ladite Bunache , à l'exception de ceux qui seront employez pour son chauffage ;* LE TOUT AVEC RESTITUTION DESDITES DIMES , *du jour de la demande , suivant l'estimation qui en sera faite par Experts & gens à ce connoissans , dont les Parties conviendront pardevant le Lieutenant General de Mantes , sinon en sera par lui nommé d'Office ; condamne ladite Bunache* EN TOUS LES DE'PENS : *& avant faire droit sur la demande dudit Langlois contre ledit le Conteux , ordonne que les Parties contesteront plus amplement pardevant le Conseiller-Raporteur du present Arrest , écriront , produiront , bailleront contredits & salvations dans le tems de l'Ordonnance , dépens pour ce regard reservez.* FAIT & prononcé en Parlement , le vingt-troisiéme jour d'Aoust 1664. Collationné avec paraphe : Et signé , DU TILLET , avec paraphe.

Il y a un Arrest du Grand Conseil rendu le 4. Aoust 1665. qui condamne les Tenanciers de l'Abaye de Preaux à payer le droit de Champart , à raison de la sixiéme Gerbe renduë dans la Grange Seigneuriale , & levé sur le tas.

ARREST DU PARLEMENT,

PORTANT Exemption de toutes sortes de Dîmes dans les Jardins & Enclos des Maisons.

Du 29. Janvier 1667.

COMME de deux Sentences renduës par nos amez & feaux Conseillers les Gens tenans les Requêtes de nôtre Palais à Paris , les 18. May & 12. Septembre 1665. entre les Abesse , Religieuses & Convent de Montmartre , demanderesses aux fins de l'Exploit du 23. Aoust 1663. d'une part ; & Maître Claude le Gras Auditeur en nôtre Chambre des Comptes à Paris , défendeur, d'autre : Par la premiere desquelles les Parties auroient été apointées à informer sommairement dans quinzaine , pardevant Maître

Claude Foucault Conseiller-Raporteur, dont & de tout seroit dressé Procés verbal; pour ce fait & raporté être ordonné ce que de raison, dépens réservez en définitive : Et par la deuxiéme, le défendeur auroit été absous de la demande, fins & conclusions desdites demanderesses, avec condamnations des dépens : Eût été par lesdites Religieuses, Abesse & Convent de Montmartre, apellé à nôtre Cour de Parlement, en laquelle Parties oüies en leurs causes d'apel; & le Procés par écrit, conclu & reçû, pour juger en icelle entre lesdites Parties, si bien ou mal a été apellé; joint les griefs hors le Procés. Prétendus moyens de nullité. Production nouvelle desdites apellantes, qu'elles pouroient bailler dans le tems de l'Ordonnance; ausquels griefs, prétendus moyens de nullité, ledit intimé pouroit répondre, & contre ladite production nouvelle, bailler contredits aux dépens desdites apellantes; joint les apellations verbales interjettées par lesdites Religieuses, du Procés verbal d'Enquête. Reception d'icelle, des 9. Juin & 4. Juillet 1665. & de tout ce qui s'en est ensuivi, sur lesquelles les Parties auroient été apointées au Conseil, à écrire par mêmes griefs & réponses, & produire. Icelui Procés vû, griefs, réponses. Forclusions de produire de nouvel par lesdites apellantes. Forclusions de fournir par lesdites apellantes de causes & moyens d'apel, de produire sur lesdites apellations verbales. Requête dudit le Gras intimé, du 27. May 1666. employée pour production sur lesdites apellations verbales; Tout joint & diligemment examiné : NOSTREDITE COUR par son Jugement & Arrest, faisant droit tant sur le Procés par écrit, qu'apellation verbale, a mis & met lesdites apellations au neant : A ordonné que lesdites Sentences desquelles a été apellé, sortiront effet. A condamné & condamne lesdites Religieuses de Montmartre és dépens des Causes d'apel, la taxe des dépens ajugez pardevers nôtredite Cour reservée. Prononcé le vingt-neuviéme jour de Janvier mil six cens soixante-sept. Signé, Du Tillet.

ARREST

ARREST DU PARLEMENT,

POUR la Dîme des Agneaux.

Du 26. Avril 1668.

ENTRE Jean de Neufville Laboureur, demeurant à Longueville, Paroisse Dhuyson, apellant de la Sentence renduë par le Bailly dudit Dhuyson, le 8. Mars 1667. d'une part: Et Maître François Broquet Prêtre, Curé dudit Dhuyson, intimé, d'autre: Et entre Noël Jolly, Chef d'Echançonnerie de défunt Monsieur, Duc d'Orleans, demandeur aux fins de la Requête par lui presentée à la Cour, le 7. Février 1668. & apellant de ladite Sentence du Bailly de Dhuyson, du 8. Mars 1667. d'une part; & ledit Broquet, défendeur & intimé, d'autre. VEU par la Cour ladite Sentence dont est apel, dudit jour 8. Mars 1667. renduë par le Bailly de Dhuyson, entre ledit Broquet, Curé dudit Dhuyson, demandeur à ce que ledit de Neufville fût condamné lui payer le droit de Dîme de son Troupeau de Bête à laine, à raison du treiziéme Agneau, & quinze deniers pour chacune Bête oiseuse, pour l'année lors derniere: Et icelui de Neufville, défendeur, qui auroit offert payer sa part & moitié de la Dîme dudit Troupeau, suivant la Coûtume du Païs, & ainsi que faisoient les autres Laboureurs de ladite Paroisse & lieux circonvoisins, & non à raison du treiziéme Agneau, ains quinze deniers pour chacune Bête, suivant l'ancienne coûtume; & que l'autre moitié du Troupeau apartenoit audit Jolly son Maître; par laquelle, Parties oüies, auroit été dit: Que sauf & sans préjudice audit de Neufville de se pourvoir contre ledit Jolly pour repetition de moitié du droit de Dîme dont il s'agit, ledit de Neufville auroit été condamné à payer ledit droit de Dîme, suivant la coûtume des lieux, à raison de quinze deniers pour Bête oiseuse, & du treiziéme Agneau, avec dépens taxez à vingt sols. Arrest d'Apointé au Conseil, du premier Septembre 1667. Causes & moyens d'apeller dudit de Neufville. Réponses dudit Broquet.

Productions des Parties. Contredits dudit de Neufville ; Et Requête dudit Broquet, employée pour contredits. Ladite Requête dudit jour septiéme Février, à ce qu'il fût reçû Partie intervenante en ladite Instance, & apellant de ladite Sentence, du 8. Mars 1667. faisant droit sur ladite intervention & apel, mettre ladite apellation & Sentence au neant ; en émendant, debouter ledit Broquet de sa demande, & le condamner aux dépens. Arrest du vingt-troisiéme dudit mois de Février, par lequel la Cour, du consentement dudit Broquet, auroit reçû ledit Jolly Partie intervenante, & apellant, sur laquelle intervention elle auroit apointé les Parties en droit, à écrire & produire dans trois jours ; & sur ledit apel au Conseil, à bailler causes d'apel, réponses, & produire dans ledit tems, & joint à ladite Instance d'apel ; & Acte audit Jolly, de ce que pour moyens d'intervention, apel & production, il employoit le contenu en sa Requête ; ensemble les Pieces & Enquête dont est parlé en icelle. Moyens de nullité & reproches contre l'Enquête dudit Broquet, & témoins oüis en icelle, pour leur être sur le tout conjointement fait droit, ainsi que de raison. Production dudit Broquet, & Requête par lui employée pour réponses & contredits à ladite Requête d'intervention & d'apel. Requête dudit Jolly, employée pour contredits. Production nouvelle dudit Broquet par Requête du 13. Mars 1668. Contredits dudit de Neufville contre icelle, & Requête dudit Jolly, employée pour contredits. Requête de salvations dudit Broquet ; Tout consideré : LA COUR faisant droit sur le tout, a mis & met les apellations au neant : Ordonne que ce dont a été apellé sortira effet. Condamne lesdits de Neufville & Jolly, chacun en une amende ordinaire de douze livres ; & aux dépens desdites causes d'apel & intervention. FAIT en Parlement le vingt-sixiéme jour d'Avril mil six cens soixante-huit. Signé, par collation, DU TILLET.

ARREST DU PARLEMENT,

QUI confirme aux Curez la possession & joüissance des Dîmes de Bled, Lainage, Charnage, & autres grosses & menuës.

Du 25. Juin 1668.

COMME de certaine Sentence donnée par nos amez & feaux Conseillers tenans les Requêtes de nôtre Palais à Paris, le 9. Avril 1667. entre nôtre amé & feal Leonard Destrappes Chevalier, Seigneur du Precy, Conseiller en nôtre Cour de Parlement, demandeur, d'une patt; & Maître Jean Birault Prêtre, Curé de Berigny, défendeur, d'autre; par laquelle ledit demandeur auroit été maintenu & gardé en la possession & joüissance des Dîmes du Bled, Lainage, Charnage, & autres grosses & menuës qui se perçoivent en la Paroisse dudit Berigny, apellé la Dîme de Chaumay; ledit défendeur condamné rendre & restituer les Laines & Agneaux qu'il auroit pris & enlevez, & ce suivant l'estimation qui en sera faite par Experts & gens à ce connoissans; & en outre condamné aux dépens: Eût été apellé à nôtre Cour de Parlement, en laquelle, Parties oüies en leur Cause d'apel, & le Procés par écrit conclu & reçû pour juger entre ledit Birault, apellant, d'une part, & ledit Destrappes, intimé, d'autre, si bien ou mal auroit été apellé: Joint les griefs hors le Procés; Prétendus moyens de nullité, & production nouvelle dudit apellant, qu'il poura bailler dans le tems de l'Ordonnance, & prétendus moyens de nullité: L'intimé poura répondre, & contre la production nouvelle, bailler contredits aux dépens dudit apellant. Icelui Procés, griefs, reprises, production nouvelle dudit intimé, contredits & salvations; Sommation de produire de nouvel par ledit apellant: Tout vû & diligemment examiné, NÔTREDITE COUR, par son Jugement & Arrest, a mis & met l'apellation au néant: Ordonne que la Sentence de laquelle a été apellé, sortira son effet; condamne l'apellant en l'amende de douze livres, & aux dépens de la Cause d'apel; la taxation des dépens ajugée pardevant nôtredite Cour réservée. FAIT en Parlement, le vingt-cinquiéme Juin 1668.

ARREST DU PARLEMENT,

QUI maintient les Curez en la joüissance des Grosses, Menuës & Vertes Dîmes & Novales, & leur assigne une Portion Congruë de trois cens livres sur les gros Décimateurs.

Du 7. Janvier 1669.

ENTRE Maître André Moricet Prêtre, Curé de la Paroisse de Clauné, Diocese de Poitiers, demandeur aux fins de la Commission par lui obtenuë en Chancellerie le 13. Juillet 1667. d'une part : Et Messire Armand-Jean du Plessis, Duc de Richelieu & de Fronsac, Pair de France; Messire Claude Marquis de Beaumanoir, Seigneur de la Motte-Messemé; & Dame Madeleine de Savonnieres, Marquise de Fourrille, gros Décimateurs en ladite Paroisse de Clauné, défendeurs, d'autre : Et entre les Manans & Habitans de ladite Paroisse de Clauné, demandeurs en Requête à fins d'interventions du 17. Juillet 1668. d'une part; & lesdits Moricet, du Plessis, Duc de Richelieu, Marquis de Beaumanoir & de Savonnieres, défendeurs, d'autre. VEU par la Cour ladite Commission de Chancellerie dudit jour 13. Juillet 1667. à ce que les défendeurs soient condamnez de payer au demandeur, & à ses successeurs Curez de Clauné, une Portion Congruë; que défenses leur seront faites de le troubler en la possession & perception des menuës Dîmes d'Agneaux, Vertes Dîmes, & autres droits Curiaux dont il doit joüir. Défenses aux Fermiers des défendeurs, gros Décimateurs, de contraindre les Debiteurs desdites Dîmes d'Agneaux & Vertes Dîmes, de leur payer icelles, à peine de mille livres d'amende. Défenses desdits défendeurs. Repliques du demandeur. Arrest du 15. Juin 1668. par lequel la Cour, sur lesdites demandes & défenses, auroit apointé les Parties en droit. Productions des Parties, & Requête dudit demandeur employée pour contredits. Sommation de fournir de contredits par lesdits défendeurs. Ladite Requête desdits Manans & Habitans de la Paroisse de Clauné, du 16. Juillet audit an 1668. à ce qu'ils fussent reçûs Parties intervenantes en ladite Instance ; faisant droit sur leur intervention, ordonner qu'en payant par eux les Dîmes d'Agneaux, Cochons, Vertes & Menuës Dîmes, de Chanvre, Pois, Féves & autres, à qui par l'évenement de ladite Instance elles seront ajugées, ils en demeureront bien & valablement quittes & déchargez, & que le tiers des grosses Dîmes de ladite Paroisse de Clauné sera employé par les gros Dîmeurs d'icelle, aux réparations urgentes & necessaires à faire au Chœur de l'Eglise, Clocher qui est sur ledit Chœur, & autres lieux que les gros Dîmeurs sont obligez d'entretenir ; & en cas de contestation, les condamner aux dépens, & leur donner Acte de ce que pour tous moyens d'interventions, écritures & productions, ils employent la production dudit Moricet Curé, & le contenu en ladite Requête. Arrest du 31. du mois de Juillet, par lequel la Cour sur ladite intervention, auroit apointé les Parties à bailler moyens d'intervention. Réponses à écrire & produire pardevers la Cour, & joint : & Acte ausdits intervenans de l'emploi pour production desdits intervenans. Sommation de fournir de réponse, produire & contredire par lesdits Moricet, du Plessis, Marquis de Beaumanoir, & de Savonnieres. Conclusions du Procureur General du Roy ; Et tout consideré. LA COUR a maintenu & gardé, maintient & garde ledit Moricet Curé, en la possession & joüissance des Menuës & Vertes Dîmes & Novales en l'étenduë de ladite Paroisse de Clauné : Fait défenses aux défendeurs & leurs Fermiers, de l'y troubler ; & outre condamne iceux défendeurs payer audit Moricet une Portion Congruë de la somme de trois cens livres par chacun an, & d'y contribuer à proportion de ce que chacun d'eux possede de Dîme dans ladite Paroisse, dont ils seront tenus de faire le régalement entr'eux dans six mois, sinon & à faute de ce, & ledit tems passé, ils pouront être contraints solidairement, en abandonnant par icelui Moricet au défendeur, ce qui lui est par eux payé de gros, & les grosses Dîmes, si aucunes il possede ; condamne lesdits défendeurs aux dépens de l'Instance. Et auparavant faire droit sur ladite intervention, ordonnne que par le plus prochain Juge Royal, qui se transportera sur les lieux, en presence du Substitut du Procureur General du Roy, Procés verbal sera dressé de l'état de ladite Eglise, & des réparations qui sont necessaires à faire en icelle, qui seront prises & estimées par Experts qui seront nommez d'Office par ledit Substitut, pour ce faire raporté & communiqué audit Procureur General, être ordonné ce que de raison; dépens pour ce regard réservez. FAIT en Parlement, le 7. jour du mois de Janvier 1669. Signé, Du TILLET.

ARREST DU PARLEMENT,

PORTANT Réglement entre les Curez & les Seigneurs des lieux, touchant les grosses & menuës Dîmes.

Du 15. Février 1669.

ENTRE René Brault, Philipes Bigot, René Bidault, Hugues Gauteon, Loüis & Jean Senault, René & Charles Roy freres; Jacques Soulet, Mathurin, François & Joseph Fremaulx, apellans de deux Sentences renduës aux Requêtes du Palais, les 24. May & 10. Juin 1667. d'une part: Et Messire Alexandre du Double Prêtre, Curé de Seligné, intimé, d'autre: Et entre Messire Leon de Saint-Gelais de Luzignan, Seigneur dudit Seligné, & Jacques du Bois Chevalier, Seigneur des Portes & de Champs-Guillemain, demandeurs en intervention, suivant l'Arrest du 3. Aoust 1668. & apellans desdites Sentences des 24. May & 10. Juin 1667. d'une part; & ledit du Double, Curé de Seligné, défendeur; & lesdits Brault, Bigot, Bidault, Gauteon, Senault, Roy, Soulet, François & Joseph Fremaulx, défendeurs en ladite intervention, d'autre. Et encore entre Messire Hector de Preaux, Chevalier, Seigneur de Châtillon, & Dame Benigne de S. Gelais de Luzignan sa femme, demandeurs en Requête du 13. Février, d'une part, & ledit du Double, défendeur, d'autre: VEu par la Cour lesdites Sentences des Requêtes du Palais desdits jours 14. May & 19. Juin 1667. dont est apel; En la premiere desquelles le défaut à faute de défendre par lesdits Brault & consors, auroit été déclaré avoir été bien & dûëment obtenu;

ARREST DU PARLEMENT,

QUI maintient les Curez en la joüissance des Vertes & Menuës Dîmes ; & outre, les Seigneurs des lieux condamnez à restituer celles qu'ils auroient perçûës jusques au jour de la demande.

Du 22. Juin 1669.

COMME de certaine Sentence donnée par nôtre Senéchal d'Anjou, ou son Lieutenant General à Baugé, le 24. Aoust 1655. entre Guy le Clerc Prêtre, Curé de Soucelles, demandeur, d'une part ; & Paul de Soucelles, Seigneur dudit lieu, défendeur, d'autre-part ; par laquelle ledit de Soucelles auroit été maintenu & gardé en la perception & joüissance des menuës & vertes Dîmes du Fief & Seigneurie de Soucelles, & autres Fiefs en dépendans, où ledit de Soucelles avoit accoûtumé de percevoir les grosses Dîmes, suivant & conformément à l'Arrest du 5. Juillet 1664. ensemble des grosses & menuës Dîmes du Fief de la Rochefouque ; & ledit le Clerc en la perception & joüissance des Dîmes qui se perçoivent des fruits provenans du Fief de la Cure, apellé le Fief de la Babiniere, & sans dépens entre les Parties, sauf les deux tiers du coust & visitation de ladite Sentence, qui seroit payé par ledit le Clerc ; ce qui seroit executé, nonobstant oposition ou apellation quelconque : Eût été apellé en nôtre Cour de Parlement, en laquelle les Parties oüies en leurs Causes d'apel, & le Procés par écrit conclu & reçû pour juger entre ledit le Clerc, apellant, d'une part ; & ledit de Soucelles, intimé, d'autre, si bien ou mal avoit été apellé, joint les griefs hors le Procés. Prétendus moyens de nullité, & production nouvelle de l'apellant, qu'il pouroit bailler dans le tems de l'Ordonnance ; ausquels griefs & productions, moyens de nullité, l'intimé pouroit répondre ; & contre ladite production nouvelle, bailler contredits aux dépens dudit apellant. Icelui Procés, griefs, réponses, production nouvelle dudit intimé. Forclusion de contredire & produire de nouvel par ledit apellant. Instance entre ledit le Clerc, demandeur en Requête, du 4. Mars 1667. d'autre part; & ledit de Soucelles, défendeur, d'autre. Ladite Requête à ce qu'en expliquant ledit Arrest du 5. Juillet 1664. il fût ordonné, que ledit défendeur demeurera en la joüissance des Dîmes infeodées dans le canton du côté des Pilliers, le Plessis, Charnassé & Tesniere, revenant par les deux Poussinieres & clos du Perray, en ce qui étoit de son Fief de Soucelles seulement; & lesquelles Ameaux de Soucelles avoit laissé à Charles Ricain, au lieu de son gros en espece le 24. Juillet 1504. Défenses audit défendeur de troubler le demandeur dans la joüissance des Dîmes dans le reste dudit canton, qui n'étoit de sondit Fief: condamné rendre & restituer ce qu'il en avoit pris & levé és années 1664. 1665. & 1666. & payer le gros en espece de seize septiers de bled seigle, sept septiers d'orge, un septier de froment, deux boisseaux de Féves, un boisseau de Pois, & deux boisseaux de Cheneviere mesure de Soucelles, rendus és greniers du Presbytere, avec une chartée de Paille au lieu de cent cinquante livres, & trois buces de Vin, portez par ledit Arrest du 5. Juillet 1664. avec dépens. Défenses, apointement en droit, productions des Parties, contredits d'icelles, suivant l'Arrest du 25. Mars 1667. Autre Instance entre ledit le Clerc, demandeur en Lettres en forme de Requête Civile par lui obtenuës le 2. Septembre 1667. contre ledit Arrest du 5. Juillet 1664. d'une part; & ledit de Soucelles, défendeur, d'autre. Ledit Arrest, par lequel entr'autres choses la Sentence du 26. Juin 1660. auroit été mise au néant, en ce que par icelle il auroit été ordonné que l'accommodement fait entre le Sieur de Soucelles & Maître Charles Ricain lors Curé dudit Soucelles, seroit executé; émendant, quant à ce, ledit de Soucelles maintenu & gardé au droit de Dîmes infeodées sur le canton du côté des Pilliers, le Plessis, Charnassé & Tesnieres, revenant par les deux Poussinieres & clos, fors & excepté sur ce qui étoit possedé par le Curé dudit Soucelles, à la charge de lui payer par chacun an pour le gros, cent cinquante livres en argent, & trois buces de Vin, à commencer, sçavoir, le premier payement de ladite somme au 8. Septembre lors prochain, & le Vin au tems des Vendanges, en fournissant par ledit le Clerc, de

Tonneaux ; ladite Sentence au résidu sortissant effet. Arrest du 29. Aoust 1668. par lequel sur lesdites Lettres, lesdites Parties auroient été apointées à bailler moyens de Requête Civile, réponses, & produire lesdites Lettres & Requête d'ampliation d'icelles ; moyens de Requête Civile. Requête, réponses, productions des Parties, contredits d'icelles. Production nouvelle dudit de Soucelles, contredits d'icelle. Autre Arrest du 29. Aoust audit an 1668. entre ledit le Clerc, apellant de la Sentence du Juge de la Seigneurie de Soucelles, du 17. Février 1669. Saisie de son gros, faite en consequence le 20. dudit mois, d'une part ; ledit Soucelles, intimé, d'autre ; par lequel sur ledit apel les Parties auroient été apointées au Conseil ; & Acte audit apellant, de ce que pour causes d'apel & production, il employoit sa Requête & Pieces attachées à icelle, desquelles il auroit fait bailler copie ; ce faisant, ordonné que l'intimé fourniroit de réponses, & produiroit de sa part dans trois jours ; ladite Sentence par laquelle ledit le Clerc auroit été condamné fournir une déclaration conforme à celle qui lui avoit été signifiée, avec les confrontations modernes, & y employer le gros de cent cinquante livres en argent, au lieu des Dîmes qu'il prenoit ci-devant. Comme aussi, employer les heritages sur lesquels il prétendoit lui être dû la somme de soixante sols aussi dûëment confrontées, & de payer vingt-neuf années de cens, & de continuer le tout en deniers ou quittances valables dans huitaine, autrement permis audit de Soucelles de joüir de ses droits : Et en outre, ledit le Clerc condamné payer & continuer ledit devoir de cens, & aux amendes portées par la Coûtume, & aux dépens moderez à trente sols, non compris le quart de ladite Sentence, en quoi il auroit aussi été condamné. Réponses, production dudit de Soucelles, contredits d'icelle. Arrest du 4. du present mois, entre ledit de Soucelles, demandeur en Requête du 31. May précedent, à ce qu'Acte lui fût donné de la déclaration faite par le défendeur ci-aprés nommé, qu'il n'entendoit se servir des Pieces contre lesquelles icelui demandeur s'étoit inscrit en faux ; ce faisant, ordonné que l'amende de soixante-quinze livres par lui consignée, lui seroit renduë, à ce faire le Greffier contraint par corps ; quoi faisant, déchargé : Et le surplus des Requêtes jointes au Procés, pour en jugeant y avoir tel égard que de raison. Acte de redistribution, conclusions de nôtre Procureur General : Tout joint, vû, & diligemment examiné. NÔTREDITE COUR, par son Jugement & Arrest, sans avoir égard à ladite Requête du 31. May, entant que touche l'apel de ladite Sentence du 4. Aoust, a mis & met l'apellation, & Sentence de laquelle a été apellé au néant, en ce que les vertes & menuës Dîmes auroient été ajugées audit de Soucelles, & qu'il n'auroit été condamné à la restitution des Dîmes du Fief de la Cure ; émendant, quant à ce, ayant aucunement égard à ladite Requête du 14. Mars, a maintenu & gardé ledit Curé dans le droit de prendre & lever les vertes & menuës Dîmes dans toute l'étenduë de la Paroisse dudit Soucelles ; condamne icelui de Soucelles, lui rendre & restituer celles par lui prises & perçûës depuis le jour de la demande, au dire d'Experts & gens à ce connoissans, dont les Parties conviendront pardevant nôtre Senéchal d'Anjou, ou son Lieutenant à Angers, si mieux n'aime ledit de Soucelles lui payer la somme de deux cens livres, ce qu'il sera tenu d'opter dans huitaine du jour de la signification du present Arrest, sinon déchû : Et en outre lui payer soixante sols par chacun an, pour la valeur des Dîmes du Fief de ladite Cure, & ce depuis qu'il est pourvû de ladite Cure. Ladite Sentence au résidu sortissant effet : Et sur les apellations verbales, a mis & met les apellations au néant ; ordonne que ladite Sentence, & ce dont a été apellé, sortira effet : A debouté ledit le Clerc de ses Lettres de Requête Civile ; le condamne en l'amende de soixante-quinze livres seulement, & ledit de Soucelles en un quart des dépens, les trois autres quarts demeureront compensez ; la taxation des dépens ajugez pardevers nôtredite Cour réservée. FAIT en Parlement le vingt-deuxiéme Juin 1669. Signé, DU TILLET.

ARREST DU PARLEMENT,

QUI déclare les Foins grosses Dîmes.

Du 11. Decembre 1670.

ENTRE Maître Loüis Charmoluë Prêtre, Curé de Ribecourt, demandeur en Requête du 12. Septembre dernier, tendante à ce que les Arrêts contradictoires des 9. Aoust 1669. & 11. Février dernier, soient executez selon leur forme & teneur: Ce faisant, que ledit demandeur joüira des Dîmes de Foins, Chanvres, Lentilles, Vesses, Bezailles, Pois & Féves, Favelottes, & autres Grains ronds, comme menuës & vertes Dîmes dans toute l'étenduë de la Paroisse de Ribecourt; faire défenses aux défendeurs ci-aprés nommez, & leurs Fermiers, d'y troubler ledit demandeur, & pour l'avoir fait, les condamner en ses dommages & intérêts, & en outre, de rendre & restituer les Dîmes de Foins par eux enlevez de force, au dire d'Experts & gens à ce connoissans: & encore demandeur en autre Requête du 10. Decembre, à ce que les défendeurs soient condamnez, suivant l'Arrest contradictoire du 9. Aoust 1669. payer à François Charmoluë son cessionnaire, les arrérages échûs de la Portion Congruë de trois cens livres depuis le 26. Janvier 1669. jusqu'à present; même l'aquiter des Décimes & Visites d'Archidiacre du jour de la demande, & lui rendre ce qu'il a été contraint de payer à cet égard, aux offres qu'il fait de tenir compte de ce qui a été reçû sur icelle, d'une part; & les Religieux, Prieur & Convent de l'Abaye de S. Eloy de Noyon, défendeurs, d'autre, & ne pouront les qualitez préjudicier: aprés que Charpentier Avocat pour le demandeur, & Baudoyn Avocat pour les défendeurs ont été oüis. LA COUR deboute le demandeur de sa demande, à ce que les Foins soient déclarez menuës & vertes Dîmes, & qu'il fût payé de sa Portion Congruë du jour de sa demande; au surplus, ordonne que les Arrêts contradictoires des neuviéme Aoust 1669. & onziéme Février dernier, seront executez. Condamne le demandeur aux dépens. FAIT en Parlement, en la quatriéme Chambre des Enquêtes, l'onziéme Septembre 1690. Collationné. Signé, ROBERT.

ARREST DU PARLEMENT,

DONNE' en faveur des Laïques, contre les Curez, concernant les vertes & menuës Dîmes.

Du 15. Juin 1671.

ENTRE Pierre Drauld Ecuyer, Sieur de Rochebreüil, & de la Chapelle au Lis, apellant d'une Sentence donnée par le Senéchal de Poitou, le 28. Novembre 1669. défendeur & demandeur en Requête du 11. Juillet 1666. d'une part ; Et René Florisson Prêtre, Curé de ladite Chapelle aux Lis, intimé & demandeur aux fins de la Requête du 5. Juin 1670. & défendeur, d'autre : Et entre ledit Drauld, demandeur en sommations, suivant la Commission du dernier Février 1670. d'une part ; Et Messire Claude Garro Chevalier, sieur de la Poupeliniere, fils aîné & principal heritier de feu Messire Charles Garro, & de Dame Marie Bodet son épouse, défendeur, d'autre. VEU par la Cour ladite Sentence contradictoire donnée entre lesdits Drauld & Florisson, par laquelle, oüi le Procureur du Roy, défenses auroient été faites audit Drauld de troubler ledit Florisson en la possession & joüissance des vertes & menuës Dîmes de Gorrons, Laines & Agneaux, dans l'étenduë de la Chapelle au Lis, & condamné aux dépens. Ladite Requête du 14. Juin 1670. en ce qu'en confirmant ladite Sentence, ledit Drault fût condamné rendre & restituer audit Florisson la moitié des menuës & vertes Dîmes de ladite Paroisse de la Chapelle aux Lis, pendant le tems de trente-neuf années, pour lesquelles dit Florisson se restreignoit à mille neuf cens cinquante livres, à raison de cinquante livres par chacun an pour la moitié de ladite Dîme, si mieux n'aimoit ledit Drauld qu'estimation en fût faite, sur laquelle somme ledit Florisson prétendoit celle qui se trouvoit lui apartenir pour les années qu'il avoit joüi de ladite Cure, & le surplus seroit employé aux réparations de l'Eglise dudit lieu. Ladite Requête du 11. Juillet audit an 1670. à ce que ledit Drauld fût reçû oposant à l'execution de l'Arrest par défaut, obtenu par ledit Florisson le premier dudit mois ; & y faisant droit, ou infirmant ladite Sentence, envoyé absous des demandes dudit Florisson, avec dépens. Ladite Commission du dernier Février audit an 1670. aux fins d'assigner en ladite Cour ledit Garro sieur de la Poupeliniere, pour être condamné faire cesser la prétention dudit Florisson, sinon d'indemniser ledit Drauld de la moitié desdites menuës & vertes Dîmes de Laine, Agneaux, Gorrons, & en tous ses dommages & intérêts eus & soufferts, qu'il auroit & souffriroit à cause de deux cens livres de dépens, esquels il pouroit être condamné, & de tous dépens, tant en demandant, défendant, que de la sommation. Défenses dudit Garro. Arrest du 3. Février dernier 1671. par lequel ledit Drauld auroit été reçû oposant à l'execution dudit Arrest par défaut, du premier Juillet 1670. Et en consequence sur l'apel les Parties auroient été apointées au Conseil, & sur lesdites demandes en droit. Causes d'apel, réponses, productions desdites Parties, tant sur l'apellation que demande. Contredits par elles respectivement fournis. Salvations dudit Florisson. Deux productions nouvelles dudit Florisson par Requête du 23. Avril & 27. May 1661. Requête dudit Drauld, employée pour contredits. Production nouvelle dudit Drauld, par Requête du 6. May audit an 1671. Requête dudit Florisson, employée pour contredits: Tout joint, oüi le Raport de Maître Etienne Saintot Conseiller; & tout consideré: DIT A ESTE', que la Cour a mis & met ledit apel, & ce dont a été apellé au néant; émendant, a debouté & deboute ledit Florisson de sa demande; lui a fait défenses de continuer la perception de la moitié des Dîmes de Laine, Agneaux, Gorrons dont est question; ensemble le deboute de la demande portée par ladite Requête du 14. Juin, & condamne ledit Florisson és dépens; & en consequence sur ladite sommation, a mis & met les Parties hors de Cour & de Procés. FAIT en Parlement le quinziéme Juin 1671. Signé, SOCORMEAU.

ARREST DU PARLEMENT,

QUI condamne les Particuliers qui mettent leurs Terres labourables en Prez, payer la Dîme du Foin qu'ils recueïlleront, comme ils payoient la Dîme sur les Terres.

Du 4. Mars 1679.

LOUIS par la grace de Dieu Roy de France & de Navarre: A tous ceux qui ces presentes Lettres verront, Salut. SÇAVOIR FAISONS, Que comme de certaine Sentence donnée par nôtre Senéchal d'Auvergne, ou son Lieutenant à Riom, le 6. Septembre 1674. entre les Religieux, Abé & Convent de S. Allire lés Clermont, Prieurs & Curez primitifs de l'Eglise & Paroisse de S. Bonnet de Gersac, demandeurs pour raison de dîmer ; & en execution de Jugement du 30. Février 1673. d'une part ; & Annet de Laire Bourgeois dudit Gersac ; Antoine & Jean Panestier, dit Pegant freres, Barthelemy Bellay, Noël Missonnier, Jean-Pierre & Gilbert de Laire, Jean & Gilbert la Sionne, tous Laboureurs & Habitans dudit Gersac, défendeurs, d'autre ; & Jacques Puray Marchand à Riom, intervenant, d'une autre ; par laquelle, sans avoir égard à l'intervention dudit Puray, & attendu ce qui résultoit de nôtre Déclaration de l'année 1657. & à l'Enquête desdits Religieux, ils auroient été maintenus & gardez en leurs droits de prendre & percevoir la Dîme de Foin dans les Prez déclarez & confinez en l'Exploit, ci-devant en terres labourables, à raison de la vingt-deuxiéme portion des fruits ; & en consequence de ce, sans avoir égard aux moyens déduits, lesdits de Laire & consors auroient été condamnez payer ausdits Religieux ledit droit de Dîme des fruits recueillis dans lesdits Prez les années 1671. 1672. 1673. & 1674. s'ils étoient encore en nature, sinon la juste valeur au dire d'Experts, dont les Parties conviendront ; autrement faute de ce faire, en seroient pris & nommez d'Office. Défenses ausdits de Laire & consors, de plus enlever les fruits desdits Heritages, sans au préalable avoir payé ledit droit de Dîme, à peine d'amende, dommages & intérêts ; & lesdits de Laite & consors & Puray, condamnez en outre aux dépens de l'Instance chacun à leur égard, sauf audit Puray à se pourvoir par action separée, ainsi qu'il verra bon être : exceptions & défenses au contraire. Eût été apellé à nôtre Cour de Parlement, en laquelle Parties oüies en leurs Causes d'apel, & le Procés par écrit conclu & reçû pour juger entre ledit Annet de Laire, apellant de ladite Sentence du 6. Septembre 1674. d'une part, & lesdits Religieux, intimez, d'autre : Et encore entre François Ollier, Conseiller au Présidial de Montferrand, Pierre Arnauld, Barthelemy Billet, Jean & Antoine Panetier, Gabriëlle Desgranges, veuve de Maître Pierre Vernazon, & Jacques Puray Marchand à Riom, apellans de ladite Sentence du 6. Septembre 1674. d'une part ; & lesdits Religieux, intimez, d'autre, si bien ou mal auroit été apellé, joint les griefs hors le Procés. Prétendus moyens de nullité, & production nouvelle des apellans qu'ils pouroient bailler

bailler dans le tems de l'Ordonnance ; ausquels griefs & prétendus moyens de nullité, les intimez pouroient répondre, & contre ladite production nouvelle, bailler contredits aux dépens des apellans. Icelui Procés, griefs, réponses, sommation de produire de nouvel par lesdits apellans. Arrest du 2. Aoust 1677. par lequel auroit été ordonné que dans deux mois, à la diligence desdits Religieux, Abé & Convent de S. Allire, les Habitans de Gersac seroient apellez en nôtredite Cour, pour prendre communication dudit Procés, & de ce que bon leur sembleroit, pour ce fait être ordonné ce que de raison ; & cependant par maniere de provision, & sans préjudice des droits des Parties au principal, seroient tenus lesdits de Laire, Ollier, Arnault, Billet, Panetier, Desgranges, & Putay payer ausdits Religieux la Dîme dont étoit question ; dépens réservez. Arrest du 24. May 1678. entre lesdits Religieux, demandeurs, d'une part ; & les Habitans de la Paroisse de Gersac, défendeurs, d'autre ; par lequel faute d'avoir par lesdits Habitans satisfait audit Arrest du 2. Aoust 1677. auroit été ordonné qu'il seroit procedé au Jugement du Procés en l'état qu'il étoit. Autre Arrest du 23. Juin 1678. par lequel lesdits Habitans auroient été deboutez de l'oposition par eux formée à l'execution dudit Arrest du 24. May 1678. Conclusions de nôtre Procureur General : Tout vû & diligemment examiné. NÔTREDITE COUR, par son Jugement & Arrest, a mis & met les apellations au néant : Ordonne que la Sentence de laquelle a été apellé, sortira effet ; condamne lesdits de Laire, Ollier & consors en l'amende de douze livres, & aux dépens de la Cause d'apel ; même en ceux réservez par l'Arrest du 2. Aoust 1677. la taxation des dépens ajugez pardevers nôtredite Cour réservée. SI MANDONS, &c. DONNE' à Paris en nôtredite Cour de Parlement, le quatriéme Mars 1679. Et de nôtre Régne le trente-sixiéme, par Jugement & Arrest de ladite Cour. Collationné. Signé, JACQUES.

ARREST DU CONSEIL,

PORTANT Réglement general pour la Dîme des Sainfoins & Bourgognes.

Du 3. Avril 1682.

VEU par le Roy étant en son Conseil, l'Arrest rendu en icelui le 26. Juillet 1681. par lequel Sa Majesté ayant été informée du differend qui étoit entre Maître François Cottin Prêtre, Curé de Marly, & les Habitans Paroissiens dudit lieu pour raison de la Dîme de Sainfoin & Bourgogne que lesdits Habitans refusoient de payer, pour empêcher les frais des procedures ordinaires, auroit ordonné que les Parties remettroient dans quinzaine leurs Titres, Pieces & Memoires dont elles entendoient se servir pour justifier leurs prétentions és mains du Sieur de Bezons Conseiller d'Etat ordinaire, pour aprés en avoir communiqué aux Sieurs Caumartin & d'Argouges, aussi Conseillers d'Etat, donner conjointement avis à Sa Majesté; & icelui vû, être ordonné ce que de raison. Commission sur ledit Arrest, scellé du grand Sceau. Signification dudit Arrest aux Habitans de Marly, aux domiciles de Jean Allain Procureur-Syndic de Marly le haut; & Michel Hortais Syndic du bas Marly, & à Thomas Bioche Officier de Monsieur, avec sommation de remettre leurs Titres és mains dudit Sieur de Bezons, y ayant satisfait de sa part, sinon a protesté de poursuivre le Jugement. Ladite signification du 13. Aoust 1681. Acte reçû par le Notaire dudit Marly le 9. Octobre 1681. par lequel Laurent Reverend Secretaire du Roy, Leon Bierry Contrôlleur des Rentes, Michel de Vienne Ecuyer de la bouche de Sa Majesté, Vigor Guillais Officier de son Commun, Pierre Connay Bourgeois de Paris, Thomas Bioche Officier de Monsieur, Jacques Toqueville son valet de Garde-Robe, Michel Horaist Procureur Fiscal, Thomas Mercier Greffier, Claude Gobin, Nicolas Meusnier, Laurent Yvon, Michel & Charles Tisserne, Jean Scourjon, Jean Girard & Antoine Caturel, tous Bourgeois

& Habitans dudit Marly , ont promis de poursuivre l'Instance contr'eux intentée à la requête dudit sieur Cottin pour raison de la Dîme de Sainfoin & Bourgogne par lui prétenduë sur tous les Heritages situez sur les territoires de Marly le Châtel & Marly le Bourg ; soûtenir que de tout tems immemorial les Curez n'ont pû percevoir ce droit , quelques demandes qu'ils en ayent pû faire ; & donnent pouvoir ausdits Reverend & Bioche de constituer Avocat , & agir suivant ledit Acte. Requête presentée au Roy par ledit Sieur Cottin , tendante à ce qu'il plût à Sa Majesté ordonner qu'il joüira de ladite Dîme de Sainfoin & Bourgogne , sur toutes les terres qui en sont & seront ensemencées dans l'étenduë de ladite Paroisse de Marly , tant dans les enclos que dehors d'iceux , & ce à raison de huit bottes pour cent , suivant & conformément à la Dîme qui se leve sur les autres Grains , tant pour l'année 1681. que pour les suivantes , au payement de laquelle Dîme , ceux desdits Habitans qui ont été & seront refusans de payer , y seront contraints par toutes voyes dûës & raisonnables , & les condamner en tous dommages , intérêts & dépens. Ladite Requête signée Cottin , & Chassebras son Avocat & conseil ; ensuite est l'Ordonnance dudit sieur de Bezons , portant soit communiqué , du 8. Octobre 1681. Et signification de ladite Requête au domicile dudit Reverend , fondé de procuration desdits Habitans , du 30. dudit mois d'Octobre. Deux sommations faites ausdits Habitans au domicile dudit Reverend , de fournir de réponse à ladite Requête des 5. & 6. Novembre audit an. Deux Actes , par lesquels Maître Jerôme Payelle a déclaré être Avocat , & avoir charge d'occuper pour les Syndics & Habitans de la Paroisse de Marly , & pour les dénommez en l'Acte du 9. Octobre 1681. lesdits deux Actes signifiez les 13. & 24. Novembre audit an 1681. Signification audit Maître Payelle de la Requête dudit Sieur Cottin , dudit jour 8. Octobre , & trois sommations d'y fournir. Réponses des premier , 5. & 6. Decembre audit an 1681. Onze Actes des 19. & 25. Novembre , 4. 10. 12. 29. 30. Decembre 1681. & 27. Janvier 1682. par lesquels lesdits Allain & Hortais Syndics des Habitans , Millon & sa sœur , Reverend , Guillais , Bioche , Toqueville , Mercier , Gobin , Meusnier , Yvon , Tisserne , Scourjon , Girard , se sont desistez & départis de l'Instance contre ledit sieur Cottin pour raison de la Dîme des

Sainfoins. Quatre Actes de dénonciation desdits desistemens audit Maître Payelle Avocat, des 26. Decembre 1681. 5. 7. & 27. Janvier 1682. Copie imprimée d'un Arrest sur Requête, obtenu par les Religieux de Sainte Geneviéve, du 24. Juin 1625. portant injonction de payer la Dîme du Sainfoin és Paroisses de Rosny, Roissy, Choisy & Vanvre. Autre Arrest du Parlement du 29. Mars 1653. qui condamne un particulier de S. Cloud à payer ladite Dîme. Acte par lequel Philipes Mouton Laboureur à S. Cloud, s'est soûmis à payer ladite Dîme, du 22. Janvier 1655. Edit du Roy du mois de Février 1657. portant Réglement sur le fait des Dîmes. Deux autres Arrêts du Parlement des 23. Aoust 1664. & 9. Juin 1666. qui condamnent un particulier de S. Just & un autre de Bezons, à payer ledit droit de Dîme de Sainfoin, à raison de huit bottes pour cent. Autre Arrest du 4. Mars 1679. qui maintient les Religieux de S. Allire, à percevoir la Dîme du Foin. Quatorze Certificats des Curez de Renemoulin prés Versailles, Bougival, Roquencourt, Vaucresson, Saintry, S. Pierre de la Selle, S. Etienne de Mareüil, Plaisir, Pecq, Fourqueux, Lestang la Ville, Croissy & Yvry, qu'ils perçoivent la Dîme de Sainfoin dans lesdites Paroisses. Sommation faite le 20. Juin 1681. à la requête dudit sieur Cottin, à plusieurs Habitans desdites Paroisses de Marly de payer ledit droit de Dîme de Sainfoin dont ils ont fait refus, & autres Pieces remises pardevers ledit sieur de Bezons : VEU aussi l'avis donné par lesdits Sieurs Commissaires; Oüi leur Raport : Et tout consideré. LE ROY E'TANT EN SON CONSEIL, conformément audit avis, a ordonné & ordonne, que ledit Cottin joüira de la Dîme de Sainfoin & Bourgogne, dans l'étenduë de ladite Paroisse de Marly, enclos & hors d'iceux, sur toutes les terres qui en sont & seront ensemencées; & sur lesquelles ledit Cottin & ses prédecesseurs Curez prenoient Dîme auparavant qu'elles fussent ensemencées en Sainfoin, à raison de huit bottes pour cent, à commencer la joüissance de l'année derniere 1681. & continuer à l'avenir, en payement de laquelle Dîme, ceux desdits Habitans qui ont été ou seront refusans de payer, seront contraints par toutes voyes dûës & raisonnables; condamne lesdits Millon, Reverend, veuve Tronson, Guillais, Bioche, Toqueville, Horaist, Mercier, Gobin, Meusnier, Yvon, Michel Tisserne, Scourjon & Girard aux dépens, jusqu'au jour de leurs desistemens, & lesdits Biery, de Vienne, Couvay, Charles Tisserne & Catutel, aux dépens. FAIT au Conseil d'Etat du Roy, Sa Majesté y étant, tenu à S. Germain en Laye le 3. jour d'Avril 1682. Signé, COLBERT.

ARREST DU PARLEMENT,

RENDU en faveur des Seigneurs Laïques qui possedent les Dîmes de leurs Fiefs.

Du 27. Juillet 1685.

LOUIS par la grace de Dieu Roy de France & de Navarre: Au premier des Huissiers de nôtre Cour de Parlement, ou autre nôtre Huissier ou Sergent sur ce requis, Salut. SCAVOIR FAISONS, Que comme de la Sentence donnée par nôtre Bailly de Beaumont sur Oyse, le 19. Decembre 1679. entre les Curé, Marguilliers, & Paroissiens de l'Eglise & Fabrique de S. Michel du Mesnil S. Denis, apellans de la Commission de permission de saisir décernée par le Prevost du Fief de Menou, le 4. Aoust 1677. & saisie faite en consequence le 7. dudit mois d'Aoust, suivant l'Exploit fait à leur requête le 11. dudit mois d'Aoust, & intimez, d'une part: Et Eleonor de Tusseau, veuve de Messire Achille Eleonor de Fresnoy, Chevalier, Seigneur dudit Fief de Menou, demanderesse en saisie, suivant ladite Commission & Exploit du 7. Aoust audit an 1677. & intimée, au lieu de son Procureur Fiscal, d'autre part; par laquelle auroit été dit, que ladite saisie feodale faite à la Requête dudit Procureur Fiscal de la Justice dudit Fief de Menou, du quart des Dîmes apartenant à ladite Eglise du Mesnil S. Denis, auroit été déclarée nulle, tortionnaire & déraisonnable, avec dommages & interêts; & en consequence, ordonné que la main-levée provisoire demeureroit définitive, la caution baillée déchargée, nonobstant choses dites & proposées au contraire par ladite de Tusseau, dont elle auroit été deboutée & condamnée aux dépens: Eût été apellé en nôtre Cour de Parlement, & le Procés par écrit conclu & reçû pour juger en icelle, par Arrest du 5. Juin 1681. entre ladite Eleonor de Tusseau, veuve dudit défunt Eleonor du Fresnoy, Chevalier, Seigneur dudit Fief de Menou, & autres lieux, tutrice de leurs enfans Mineurs, apellante de ladite Sentence dudit jour 19. Decembre 1679. d'une part; & lesdits Curé, Marguilliers & Paroissiens de l'Eglise S. Michel du Mesnil S. Denis, intimez, d'autre part; & les Parties apointées à bailler griefs & réponses, & produire de nouvel dans le tems de l'Ordonnance. Icelui Procés vû. Requête de ladite Eleonor de Tusseau, du 13. Juin 1682. employée pour griefs contre ladite Sentence du 19. Decembre 1679. Requête desdits Curé, Marguilliers & Paroissiens de S. Michel du Mesnil S. Denis, du premier Aoust 1682. employée pour réponses ausdits griefs. Autre Requête de ladite de Tusseau, du 14. Aoust dudit an, employée pour salvations. Instance entre ladite Eleonor de Tusseau, veuve dudit Eleonor de Fresnoy, Chevalier, Seigneur dudit Fief de Menou, apellante d'une Sentence renduë par ledit Bailly de Beaumont, le 17. Aoust 1677. d'une part; & lesdits Curé & Marguilliers, intimez, d'autre part. Ladite Sentence dont est apel dudit jour 17. Aoust 1677. par laquelle attendu la saison instante, & ce dont il s'agissoit, auroit été ordonné que le Fief saisi seroit régi & gouverné par Claude Theurin Fermier des Dîmes de ladite Eglise & Fabrique du Mesnil S. Denis, qui demeureroit subrogé au lieu & place de Guillaume Potreau, Commissaire établi à la requête de ladite de Tusseau, qui rendroit compte du revenu dudit Fief, s'il étoit ainsi ordonné enfin de Cause; duquel Theurin, lesdits Curé & Marguilliers demeureroient responsables & cautions solidaires, qui feroient leurs soûmissions requises & accoûtumées. Arrest du 13. Juin 1682. par lequel sur ledit apel, les Parties auroient été apointées au Conseil à bailler Causes d'apel, écrire & produire dans le tems de l'Ordonnance; & joint audit Procés, pour leur être fait droit ainsi que de raison. Ladite Requête de ladite de Tusseau, dudit jour 13. Juin 1682. employée pour Causes contre ladite Sentence du 17. Aoust 1677. Requêtes desdites Parties, des 4. Aoust 1682. & 16. Mars 1683. employées pour écritures & production sur ledit apel, suivant ledit Arrest. Requête de ladite de Tusseau du 7. Aoust 1681. à ce que lesdits Curé, Marguilliers & Paroissiens dudit Mesnil S. Denis, fussent condamnez de communiquer les Titres,

Regiſtres & Comptes qui étoient dans les Archives de ladite Paroiſſe, ſuivant les Inventaires deſdits Titres, Regiſtres, Comptes & autres enſeignemens, qui ſeroient auſſi communiquez pour éviter les fraudes & ſouſtractions que l'on pouroit faire deſdits Titres, & en cas de refus, qu'il fût permis à ladite de Tuſſeau de les faire compulſer. Arreſt du 12. Aouſt 1682. par lequel ladite Requête auroit été jointe au Procés, pour en jugeant y avoir tel égard que de raiſon. Lettres de Réciſion deſdits Curé, Marguilliers & Paroiſſiens de ladite Egliſe de S. Michel du Meſnil S. Denis, du 7. Aouſt 1683. à ce que ſans avoir égard à l'Acte du 20. Juin 1656. paſſé par intelligence entre les nommez Val & Pantre avec ladite de Tuſſeau, ou ceux qu'elle repreſente, ſans neceſſité, ni qu'ils y fuſſent obligez, & en ce cas ou autres, les Parties fuſſent remiſes en tel état qu'elles étoient auparavant ledit Acte de 1656. Requête deſdits Curé, Marguilliers & Paroiſſiens, du 12. Aouſt 1683. à ce qu'en procedant au Jugement du Procés, il plût à nôtredite Cour enteriner leſdites Lettres de Réciſion ſuivant leur forme & teneur, & en conſequence mettre l'apellation au néant; & condamner ladite de Tuſſeau en l'amende & aux dépens. Sur laquelle Requête, par Ordonnance de nôtredite Cour étant au bas d'icelle, les Parties auroient été apointées en droit, & ordonné que la défendereſſe fourniroit de défenſes, écriroient & produiroient les Parties dans trois jours. Acte de l'emploi & joint. Requête de ladite de Tuſſeau du 5. Decembre 1683. employée pour fins de non recevoir. Défenſes, écritures & productions ſur leſdites Lettres. Requête deſdits Curé, Marguilliers & Paroiſſiens de S. Michel du Meſnil S. Denis, du 3. Janvier 1684. employée pour réponſes, écritures & productions ſur leſdites Lettres. Production nouvelle de ladite de Tuſſeau, reçûë par Ordonnance de nôtredite Cour étant au bas de la Requête du 12. Juillet 1684. Requête deſdits Curé & Marguilliers, du 13. Juillet audit an, employée pour contredits contre ladite production nouvelle. Autre production nouvelle de ladite de Tuſſeau, reçûë par Ordonnance de nôtredite Cour, étant au bas de la Requête du 19. du preſent mois & an. Requête deſdits Curé, Marguilliers & Paroiſſiens dudit S. Michel du Meſnil S. Denis, du 20. deſdits mois & an, employée pour contredits contre ladite production nouvelle. Concluſions de nôtre Procureur General : Tout joint & diligemment examiné. NÔTRE COUR, par son Jugement & Arrest, sans s'arrêter à la Requête de ladite de Tusseau, ni avoir égard aux Lettres obtenuës par lesdits Curé, Marguilliers & Paroissiens de l'Eglise S. Michel du Mesnil S. Denis, de l'effet & entérinement desquels ils sont deboutez, a mis & met lesdites apellations & ce dont a été apellé au néant ; émendant, déclare la saisie feodale faite des fruits & revenus des Dîmes infeodées apartenans à ladite Eglise dudit S. Michel du Mesnil S. Denis, bonne & valable, à faute d'avoir par lesdits Curé, Marguilliers & Paroissiens, donné à ladite de Tusseau, à cause du Fief de Menou, homme vivant, mourant & confisquant, fait la foi & hommage, donné aveu & dénombrement, & payé les droits suivant la Coûtume ; les condamne à la restitution desdits fruits jusqu'à ce qu'ils ayent satisfait à ladite Coûtume, & aux dépens tant des causes principales, d'apel, qu'instance. SI te mandons à la Requête de ladite Dame de Fresnoy, le present Arrest mettre à execution selon sa forme & teneur : De ce faire te donnons pouvoir. DONNE' en nôtre Parlement le 27. Juillet 1684. Et de nôtre Régne le quarante-deuxiéme, par Jugement & Arrest de la Cour. Signé, JACQUES.

ARREST DU PARLEMENT,

POUR le payemenr des Dîmes de toutes sortes de Grains.

Du 2. Juillet 1685.

LOUIS par la grace de Dieu Roy de France & de Navarre : A tous ceux qui ces presentes Lettres verront, Salut. SÇAVOIR FAISONS, Que comme de la Sentence donnée par le Bailly du Perche, ou son Lieutenant Particulier à Bellesme, le 7. Aoust 1683. entre les Abé & Religieux de S. Vincent du Mans, Ordre de S. Benoist, Congregation de S. Maur : Et Maître Nicolas Posté Prêtre, Curé de la Paroisse de Pervancheres, deman-

demandeurs, d'une part; & Damoiselle Jacqueline de Gislain, veuve de défunt Loup de Guerouft Ecuyer, fieur de la Terriere; Jacques de Guerouft Ecuyer, fieur de la Terriere, & Loup de Guerouft Ecuyer, fieur de Favas, Prêtre, fes enfans & heritiers dudit de la Terriere, leur Pere, défendeurs, d'autre; par laquelle, fur les Conclufions de l'Avocat du Roy audit Siege; il eft dit: Que ladite Gislain & fes Enfans font condamnez de dîmer à l'avenir tous les Grains qu'ils recuëilleront en l'étenduë de ladite Paroiffe de Pervancheres, fur les Terres dépendantes des lieux de la Terriere, le Boulay & la Ligeardiere, à raifon de l'onziéme Gerbe, comme Bled, Froment, Méteil, Seigle, Avoine, Pois & autres Grains, conformément à l'ufage commun & general de ladite Paroiffe, & de rendre & faire raifon aufdits Religieux & Pofté, des Dîmes des grains par eux recuëillis és années 1681. 1682. & 1683. fur lefdits lieux, en ce qui dépend de ladite Paroiffe de Pervancheres à la fufdite raifon de l'onziéme, au lieu de la treiziéme, fi lefdites Dîmes font en effence, finon la jufte valeur d'icelles, au dire d'Experts & gens à ce connoiffans, dont les Parties conviendroient, finon nommez d'Office par ledit Juge, & ladite de Gislain & fes enfans condamnez aux dépens: Eût été par ladite de Gislain & fes enfans, apellé à nôtre Cour de Parlement, en laquelle le Procés conclu & reçû pour juger, par Arreft du 26. Janvier 1684. & les Parties apointées à fournir griefs, réponfes, faire production nouvelle & contredire dans le tems de l'Ordonnance. Icelui Procés vû. Griefs de ladite de Gislain & fes enfans, du 13. May 1684. Requête defdits Religieux & Pofté, du 13. Decembre audit an, employée pour réponfes. Autre Requête de ladite de Gislain & fes enfans, du 27. Mars 1685. employée pour falvations. Autre Requête defdits Religieux & Pofté, du 10. May audit an, auffi employée pour réponfes & falvations. Production nouvelle de ladite de Gislain & fes enfans, par Requête du 4. dudit mois de Mars 1685. fignifiée le 5. Avril enfuivant. Requête defdits Religieux & Pofté, du 10. May audit an, employée pour contredits. Deux autres productions nouvelles defdits Religieux & Pofté, par Requêtes des 16. & 22. dudit mois de May. Deux Requêtes de ladite Gislain & fes enfans, des 26. & 28. dudit mois de May, employées pour contredits contre icelles, & pour falvations contre la Requête de contredits defdits Religieux

& Posté : Autre Requête desdits Religieux & Posté, du trente dudit mois de May, employée pour salvations : Tout joint & diligemment examiné. NÔTREDITE COUR, par son Jugement & Arrest, a mis & met ladite apellation & Sentence, de laquelle a été apellé au néant, en ce que par icelle lesdits de Gislain & de Gueroust ont été condamnez à la restitution des Dîmes pour l'année 1681. émendant quant à ce, décharge lesdits de Gislain & de Gueroust de ladite condamnation, ladite Sentence au résidu sortissant effet ; condamne lesdits de Gislain & de Gueroust aux trois quarts des dépens de la Cause d'apel, l'autre quart compensé ; la taxe, ensemble l'execution du present Arrest pardevers nôtredite Cour réservée. SI MANDONS, &c. DONNE' à Paris en nôtre Cour de Parlement le deuxiéme Juillet, l'an de grace 1685. Et de nôtre Régne le quarante-trois. Par Jugement & Arrest de nôtredite Cour. Signé, JACQUES.

ARREST DU PARLEMENT,

QUI Regle la nature du Gros dû aux Curez par les gros Décimateurs, en Bled-Froment, lesquels à cet effet, seront tenus de separer les Gerbes, & les faire batre à part.

Du 30. Decembre 1686.

LOUIS par la grace de Dieu Roy de France & de Navarre : Au premier nôtre Huissier. SÇAVOIR FAISONS, Que le jour des Presentes comparant en nôtre Cour de Parlement Maître Nicolas le Maire Curé d'Assy, apellant d'une Sentence renduë au Bailliage de Meaux le 5. Juillet dernier, & demandeur en Requête afin d'évocation du principal, du 21. Aoust ensuivant, à ce que les défendeurs soient condamnez lui livrer la quantité de seize septiers de Bled-Froment, mesure de Meaux, à deux sols six deniers prés du meilleur, sinon lui en payer le prix sur le pied qu'il valoit à la S. Martin 1685. suivant l'évaluation des gros fruits, & défendeur, d'une part ; & les Prêtres de l'Oratoire de

Raroy, intimez, défendeurs & oposans à l'Arrest du 26. dudit mois d'Aoust, d'autre : Et encore entre ledit le Maire, demandeur en Requête du 16. du present mois de Decembre, à ce qu'en venant par les Parties plaider, il seroit ordonné qu'il sera payé de son gros & arrérages échûs à la S. Martin derniere, pour la part dont lesdits Peres de Raroy en sont tenus, à raison de seize septiers de Bled-Froment tel qu'il croît dans le terroir de ladite Paroisse d'Assy, pur & net, à deux sols six deniers prés du prix du meilleur, & de huit septiers d'Avoine loyale & marchande; le tout à la mesure courante & ordinaire du Marché dudit Meaux, suivant l'Extrait du Registre des gros fruits : Et pour cet effet, ordonner en outre que d'orénavant lesdits Peres de Raroy feront mettre à part le Bled-Froment qui proviendra des Dîmes de ladite Paroisse, sans le mêler avec les autres Grains, & en delivreront audit Curé d'Assy en sa maison Presbyterale, par préference & avant aucun enlevement ladite quantité de seize septiers, & huit septiers d'Avoine chacune année audit jour S. Martin d'hyver, sinon de payer ladite redevance en argent à ladite raison de deux sols six deniers prés du prix du meilleur, pour le Bled & l'Avoine du prix coûtant, suivant l'extrait des gros fruits du Marché dudit Meaux, sans préjudice de la solidité qui est entre les Codecimateurs pour le surplus du gros : En consequence condamner lesdits Peres de Raroy, payer audit sieur Curé d'Assy quarante-six livres pour le surplus de l'estimation des Grains qui ont été livrez audit sieur Curé pour son gros de l'année 1685. aux intérêts, & en tous les dépens, d'une part, & lesdits Peres de Raroy, défendeurs, d'autre : Aprés que Tuffier pour le demandeur, & Gastier pour les intimez & défendeurs, ont dit, qu'en communiquant au Parquet des Gens du Roy, ils sont demeurez d'accord, & l'apointement signé d'eux, & paraphé de Talon pour le Procureur General du Roy. LA COUR ordonne que l'apointement sera reçû, & suivant icelui, a mis l'apellation & ce dont a été apellé au néant; émendant, évoquant le principal, & y faisant droit, Ordonne que la Partie de Tuffier sera payée de seize septiers de son gros, dû par les Parties de Gastier en Bled-Froment; à l'effet dequoi seront les Parties de Gastier tenuës de separer les Gerbes de Bled-Froment qu'elles recueilleront pour leurs Dîmes, & les faire batre à part; & de ce qui en proviendra, payer les seize septiers, si mieux ils n'aiment payer les seize septiers en argent, à cinq sols prés du meilleur, & ce suivant les mercuriales & évaluation du Bled Froment tel que le meilleur sera vendu au Marché de Meaux ; & ce qui sera réglé sur le Marché qui précédera immédiatement, & sur ceux qui suivront immédiatement la Fête de S. Martin de chacune année ; ce qui sera aussi executé pour les seize septiers dûs pour le gros de l'année 1686. Et à l'égard de la redevance de 1685. sera payée à ladite Partie de Tuffier pour son indemnité de n'avoir pas eu du Bled de ladite qualité, la somme de trente livres ; sera l'Avoine payée en la maniere ordinaire ; condamne la Partie de Gastier aux dépens liquidez à pareille somme de trente livres. SI te mandons, &c. DONNE' à Paris en nôtredite Cour de Parlement le trente-uniéme Decembre, l'an de grace mil six cens quatre-vingt-six ; & de nôtre Régne, le quarante-quatre. Par la Chambre. Collationné. JACQUES.

ARREST DU PARLEMENT,

PORTANT Réglement entre les Seigneurs Décimateurs & les Habitans des Paroisses, pour la maniere dont lesdits Habitans sont tenus d'apeller, attendre & laisser lever la Dîme, avant que d'enlever leurs Grains.

Du 27. Juillet 1688.

ENTRE les Manans & Habitans de la Paroisse de Champigny sur Yonne, apellans d'une Sentence renduë par le Bailly de Sens, le 10. Juillet 1687. en ce qu'il est ordonné qu'aprés avoir par les apellans apellé les gens & dîmeurs du Curé, Prieur de Chaumont, pour lever les Dîmes, ils attendront une heure aprés pour lever leurs Grains, & de tout ce qui s'en est ensuivi, d'une part : Et Messire Guillaume de Cause Prêtre, Prieur, Curé dudit Chaumont, grand Décimateur en partie, de la Paroisse de Champigny, intimé, d'autre, ſans que les qualitez puiſſent préjudicier. Aprés que de la Felonniere pour les apellans, & Baille pour l'intimé ont été oüis ; enſemble de Lamoignon, pour le Procureur General du Roy. LA COUR met l'apellation au neant : Ordonne que ce dont a été apellé, ſortira effet ; condamne les apellans en l'amende de douze livres, & aux dépens. FAIT en Parlement, le ſixiéme Juillet mil ſix cens quatre-vingt-huit. Signé, DONGOIS.

Sentence dont eſt appel.

A TOUS ceux qui ces preſentes Lettres verront, Benigne d'Auvergne Chevalier, Seigneur de ſaint Marts, Palteau & autres lieux, Gouverneur de la Citadelle de Pignerolles, Bailly, Capitaine & Gouverneur de la Ville & Cité de Sens, & les Gens tenans le Siége Préſidial y établi, Salut. SÇAVOIR FAISONS, Qu'entre les Manans & Habitans de la Paroiſſe de Champigny ſur Yonne, demandeurs en Requête du 5. du preſent mois de Juillet 1687. tendante à ce qu'il ſoit dit & ordonné que défenſes ſeroient faites, tant à Meſſire Guillaume de Cauſe, Prieur-Curé de Chaumont, qu'autres qui ont droit de Dîmes ſur la Paroiſſe dudit Champigny & leurs Fermiers, de ſe payer dudit droit en l'abſence des demandeurs, à peine de cent livres d'amende, & de tous dépens, dommages & interêts : Et qu'en cas d'abſence, demeure ou refus de la part dudit Sieur de Cauſe & autres, ou de leurs Fermiers, il ſeroit permis auſdits demandeurs d'enlever les Gerbes & Grains de leurs champs, aprés avoir apellé les Dîmeurs, en laiſſant le droit de Dîme ſur leſdit champs, d'une part : Et ledit Sieur de Cauſe, défendeur, d'autre part, à l'apel de la Cauſe : Larcher Avocat pour leſdits Habitans, Maître Charles Millet, Procureur Fiſcal audit Champigny, preſent en perſonne, aſſiſté de Farinade le fils leur Procureur, a conclu aux fins de leur Requête, & de l'Exploit de Dada, Sergent Royal general en ce Bailliage, demeurant à Villemanoſche, du ſeptiéme dudit preſent mois, contrôllé audit Villemanoſche ledit jour, ſoûtenant y être fondé, & aux dépens en cas d'inſiſtance : Oüi Pelée Avocat pour ledit Sieur de Cauſe, défendeur, preſent en perſonne, aſſiſté de Bautru ſon Procureur, en ſes moyens de défenſes, comme auſſi le Procureur du Roy en ſes Concluſions. DISONS, Que leſdits Habitans ne pouront à l'avenir commencer leurs Moiſſons, qu'au préalable il n'y ait eu un ban de publié au Prône de l'Egliſe dudit Champigny, ni lever leurs Grains du champ, qu'ils n'ayent apellé ou fait apeller les Dîmeurs & gens prépoſez pour ledit ſieur de Cauſe, à la levée la Dîme, par trois cris diférens, & encore une heure aprés le dernier d'iceux, au cas qu'ils ne fuſſent arrivez auſdits cris; aprés lequel tems avons permis auſdits Habitans d'enlever leurs Grains, à la charge de laiſſer la Dîme ſur le champ en preſence de témoins, & lors que ledit ſieur défendeur ou ſes gens, ſe preſenteront pour recevoir ladite Dîme, il leur ſera loiſible de choiſir par tel endroit du champ que bon leur ſemblera, pour prendre la premiere ſeiziéme, à la charge de ſuivre la coûtume, juſques en fin de payement; leur faiſant défenſes d'en uſer autrement, ni d'entrer dans les champs deſdits demandeurs pour y lever la Dîme en leur abſence. Et neanmoins où il paroîtroit quelque éminent peril, ſoit par orage, tonnerre ou pluye, pouront leſdits Habitans, aprés avoir apellé les Dîmeurs par trois fois, enlever leurs Grains, même les jours des Fêtes & Dimanches en cas de neceſſité, laiſſant la Dîme ſur le champ, dépens compenſez. SI MANDONS, &c. DONNÉ & fait en Jugement par Nous Nicolas Couſte, Seigneur des Souchets, Conſeiller du Roy, Lieutenant Particulier, Civil & Criminel au Bailliage & Siege Préſidial dudit Sens, tenant l'Audience, aſſiſté & pris l'avis des ſieurs Guillaume, ancien Prevoſt de cette Ville, Graſſin, Lachuë, Travers, le Févre, Garſement, David, Lhermite le jeune, Taffoureau, Graſſin le jeune, Benoiſt, Vincent, Moreau & Gratian, Conſeillers, le Jeudi dixiéme jour de Juillet 1687. Signé enfin, RIGOLET, avec paraphe.

ARREST DU PARLEMENT,

QUI distingue l'ancien fonds du Domaine des Cures d'avec le nouveau, & juge qu'il n'y a que les fonds de l'ancien Domaine qui soient exempts du droit de Dîmes ; & que les fonds donnez, léguez ou acquis depuis la dotation des Cures, & qui forment le nouveau Domaine, ne sont point exempts dudit droit de Dîmes.

Du 22. Aoust 1699.

LOUIS par la grace de Dieu Roy de France & de Navarre : Au premier des Huissiers de nôtre Cour de Parlement, ou autre nôtre Huissier ou Sergent sur ce requis ; SCAVOIR FAISONS, Que comme de la Sentence donnée par nos amez & feaux Conseillers en nos Conseils, Maîtres des Requêtes ordinaires de nôtre Hôtel, l'onziéme Mars 1699. entre les Religieux, Prieur & Convent de l'Abaye Royale de S. Riquier, Decimateurs dans l'étenduë du territoire de la Paroisse de Caux, demandeurs, suivant & aux fins de l'Exploit du 8. Octobre 1697. & en Requête du 26. Juillet 1698. d'une part, & Maître Jean Uvatebled Prêtre, Curé de ladite Paroisse de Caux, défendeurs, d'autre ; par laquelle, faisant droit sur l'Instance, auroit été ordonné que la Sentence contradictoire renduë ausdites Requêtes l'onziéme Aoust 1698. seroit executée, & en consequence lesdits Religieux de S. Riquier, maintenus & gardez en qualité de Decimateurs dans l'étenduë du terroir de ladite Paroisse de Caux, en la possession immemoriale en laquelle ils étoient de lever & percevoir le droit de Dîmes sur le pied & à raison de cent Gerbes, sept ; & notamment sur la piece de trois journaux de terre ou environ dont étoit question, située sur le terroir designé dans leur Exploit de demandes ; ce faisant, ledit Uvatebled Curé de ladite Paroisse de Caux, condamné à payer ausdits Religieux de ladite Abaye de S. Riquier ledit droit de Dîme pour les années 1697. & 1698. qu'il avoit refusé de payer ; savoir, la derniere année en espece, & la précedente, suivant l'estimation qui en seroit faite par Experts, dont à cet effet les Parties conviendroient pardevant un des plus prochains Juges des lieux, sinon par eux pris & nommez d'Office, sur la déclaration que ledit Uvatebled donneroit de la quantité des Grains qu'il auroit recüeillis, laquelle il affirmeroit veritable devant ledit Juge, sauf ausdits Religieux à la contester; ledit Uvatebled condamné en outre aux dépens, & en cas d'apel seroit ladite Sentence executée par provision, nonobstant & sans préjudice d'icelui, Oposition ou Apellation quelconque, à la caution du temporel desdits Religieux de S. Riquier: Eût été apellé en nôtre Cour de Parlement, &c. Conclusions de nôtre Procureur General; Tout joint & diligemment examiné. NOSTREDITE COUR, par son Jugement & Arrest, sans s'arrêter à la Requête desdits Religieux du 11. Aoust *1699.* ayant aucunement égard à celle du 17. du present mois, a mis & met l'apellation au néant; Ordonne que la Sentence de laquelle a été apellé, sortira effet: Condamne ledit Uvatebled en l'amende de douze livres, dépens des causes d'apel & demandes compensez. Mandons mettre le present Arrest à dûë & entiere execution, selon sa forme & teneur; de ce faire te donnons pouvoir. DONNE' en Parlement, le vingt-deuxiéme Aoust mil six cens quatre-vingt-dix-neuf: Et de nôtre Régne le cinquante-septiéme. Collationné. Signé, Par la Chambre. LE MERCIER. Et scellé.

FIN.

TABLE
DES PRINCIPALES MATIERES
CONTENUES

Dans ce Recueïl d'Edits , Déclarations & Arrêts, concernant les Bénéficiers & les Dîmes.

A

B

C

D

touchant

E

F

G

H

M

N

O

Q

R

SAFRAN

S

T

V

Fin de la Table des Matieres.

EXTRAIT DES PRIVILEGES des Imprimeurs ordinaires du Roy de la Ville de Roüen.

PAr Lettres Patentes du Roy en forme de Déclaration, données à Versailles le 23. Février 1698. signées LOUIS, & plus bas, Par le Roy, PHELYPEAUX, & scellées du grand Sceau de cire jaune, & vérifiées où besoin a été : Il est permis à ANTOINE MAURRY son Imprimeur & Libraire ordinaire en sa Ville de Roüen, d'Imprimer, vendre & debiter tous *Edits, Déclarations, Ordonnances, Commissions, Arrêts de ses Conseils & de ses Cours de Parlement, Chambre des Comptes & Cour des Aides, & autres expéditions concernant les Finances, & autres affaires de Sa Majesté.* Et défenses sont faites à tous autres Libraires & Imprimeurs de les imprimer & contrefaire, en vendre ni distribuer, à peine d'amende arbitraire, dommages & intérêts, & autres peines portées par lesdites Lettres, ainsi qu'il est plus au long contenu en icelles.

www.ingramcontent.com/pod-product-compliance
Ingram Content Group UK Ltd.
Pitfield, Milton Keynes, MK11 3LW, UK
UKHW031843260826
14628UKWH00002B/557

9 782329 347431